GUIARAMA COMPACT

AF278059

Suiza

ANAYA
TOURING

Autor: **Isabel Urueña**
Actualización: **Olalla Aguirre**

Responsable de proyecto: **David Lozano**
Edición y maquetación: **Olalla Aguirre**
Cartografía: **Anaya Touring**
Diseño tipográfico y de cubierta: **marivies**

Procedencia de las fotografías:
123RF: 38 (3), 39, 42a, 45a, 54, 56 (cabecera), 80b, 88b, 89, 101b, 103. **AGE Fotostock:** 25, 37, 62, 109, 110, 115. **Corbis:** 26a. **Dreamstime:** 34-35. **Fotolia:** 17, 20a, 22, 23 (2), 24 (2), 26b, 33b, 42b, 55a, 61a, 99a. **I. Urueña:** 13 (2), 49b, 51b, 51a, 63a, 70, 71c, 74, 75b, 76, 82c, 87 (2), 92 (2), 102, 102-103. **iStockphoto:** Cubierta (2), 2, 6-7, 8 (cabecera), 8, 9 (2), 10 (2), 11 a, 12, 14, 15, 16 (2), 18, 19, 20b, 28-29, 30 (cabecera), 30-31, 31, 32, 35a, 40, 41, 43, 44, 46, 47, 48 49a, 50, 52-53, 55b, 56-57, 58 (2), 59, 60 (4), 61b, 64, 64-65, 67, 71d, 72 (2), 73, 75a, 77, 80a, 85, 86, 88a, 90, 91, 93, 94, 96-97, 99b, 100, 105, 106a-b, 107, 112, 113, 116-117, 121, 122, 123 (3), 124 (2), 125 (2), 127 (2),129a, 131 (2). **Shutterstock:** 11 b, 21, 66, 81, 82d, 83. Cortesía de los establecimientos: **EastWest Hotel** 118 (2), **Hotel Krafft** 119a; **Schweizerhof Hotel** 119b.
(a= arriba, b=abajo, c=izquierda, d=derecha).

Agradecimientos a **Elena Affeltranger** y **Suiza Turismo**, por su apoyo en la realización de esta guía.

4ª edición: 2025

© Grupo Anaya, S. A., 2025
   Valentín Beato, 21. 28037 Madrid
   www.guiasdeviajeanaya.es

Depósito legal: M-25.816-2024
ISBN: 978-84-9158-875-7
Impreso en España-Printed in Spain

PAPEL DE FIBRA
CERTIFICADO

La información contenida en esta guía ha sido cuidadosamente comprobada antes de su publicación. No obstante, dada la naturaleza variable de los datos, recomendamos su verificación antes de salir.

Contenido

Presentación

Corazón de Suiza

Monte San Giorgio

Cómo usar esta guía

Esta **Guiarama** de **Suiza** se divide en cinco secciones que abarcan los aspectos más importantes de la visita a Suiza.

Una mirada a Suiza, páginas 7-27

Diez lugares inolvidables, páginas 29-51

La elección de la autora de los diez lugares más atractivos del país, todos con información práctica.

Visita a Suiza, páginas 53-115

Se divide Suiza en 6 ciudades (**Basilea, Berna, Ginebra, Lucerna, Lugano y Zúrich**), cada una con una introducción y listado de los lugares más interesantes.
Información práctica
Breves notas "¿Sabías que…?"
paseos a pie y excursiones en coche a los alrededores

Dónde …, páginas 117-131

Información detallada sobre restaurantes, alojamiento, compras, niños, deportes, festivales y eventos…

Información práctica, páginas 132-139

Toda la información necesaria para viajar por Suiza presentada de forma visual y esquemática.

Mapas y planos

Todas las referencias lo son a los mapas y planos que se incluyen en la guía. Por ejemplo, la catedral, Münster de Berna, va acompañada de la referencia 🅜 69, C3, que indica la página en la que se encuentra el plano (69) y las coordenadas (C3) donde se halla el edificio.

Precios

El precio aproximado de los establecimientos se indicará mediante los signos:

C caro, **M** moderado y **E** económico.

Clasificación por estrellas

La mayoría de los lugares descritos en el libro se han clasificado por su grado de interés como sigue:

★★★	Visita obligada
★★	Muy interesante
★	Interesante

Símbolos utilizados

A lo largo de la guía se han utilizado símbolos sencillos y claros para indicar las siguientes categorías:

- referencia a los planos incluidos en la guía
- dirección o localización
- número de teléfono
- horario
- restaurante o café
- estación de metro más cercana
- rutas de autobús o tranvía
- estación de tren más cercana
- servicios de navegación
- aeropuerto
- información turística
- servicios para discapacitados
- precio de la entrada
- otros lugares de interés cercanos
- más información práctica adicional
- referencia a la página web
- ▶ página con información más detallada

Basilea (Basel, Bâle)

UN PASEO A PIE — Por Basilea

Comer y tomar copas

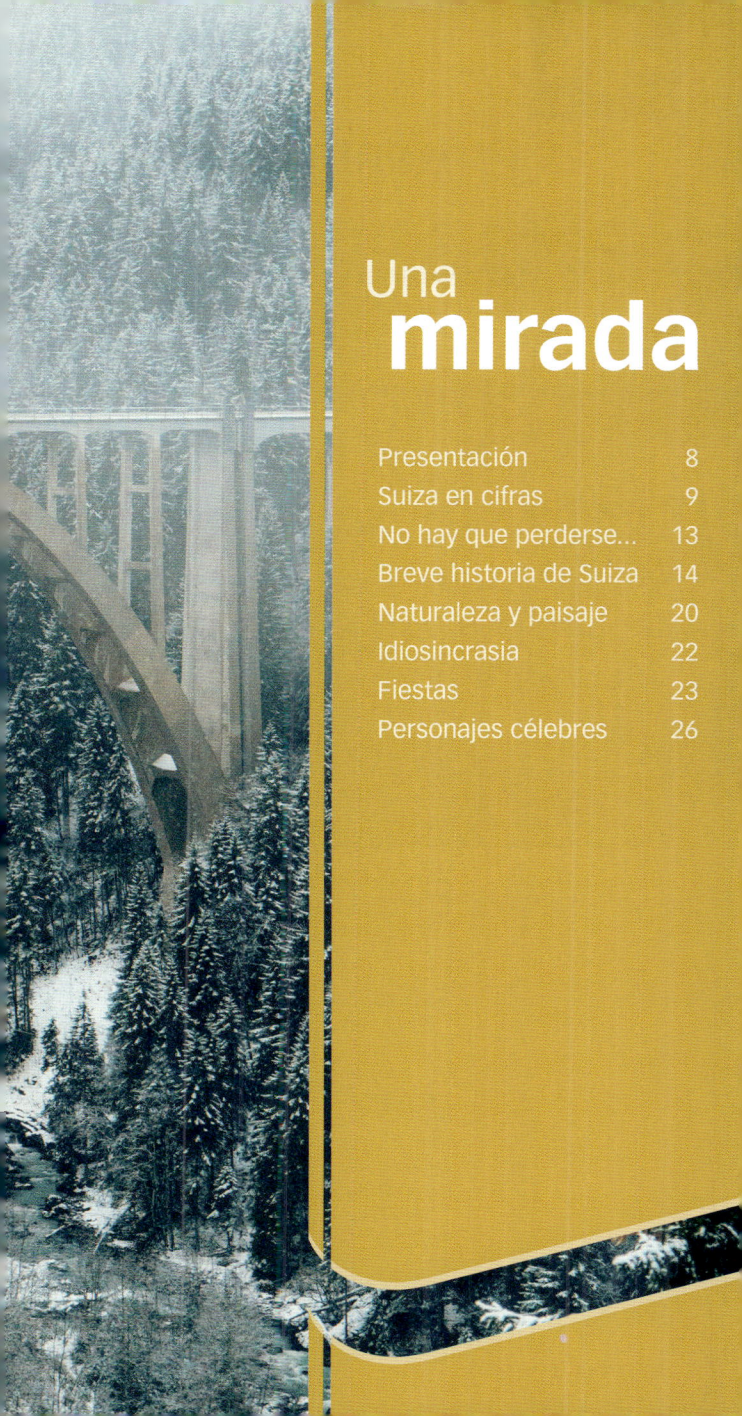

Una
mirada

Presentación

▲ Vivienda tradicional suiza, con vistas a los Alpes.

El nombre de Suiza es, en todo el mundo, un símbolo de excelencia industrial y financiera, de prosperidad y de neutralidad política. Su prestigio en el panorama internacional no es una casualidad, sino la consecuencia de siglos de trabajo, creatividad, fiabilidad y voluntad de convivencia.

Tanto o más célebres son sus riquezas paisajísticas. Suiza reúne, en un territorio relativamente pequeño, el llamado "techo de Europa" formado por montañas impresionantes de nieves perpetuas; infinitas praderas verdes en las que surgen pequeños pueblos de encanto rústico; grandes lagos cristalinos que reflejan castillos centenarios, y poderosos ríos junto a ciudades de memoria milenaria.

Pero lo que más admira de Suiza es la perfecta armonía que logra entre la conservación de su pasado y el impulso innovador; entre la naturaleza en estado puro y el desarrollo. Por eso es capaz de satisfacer las más variadas expectativas y entusiasma por igual a toda clase de visitantes, que la distinguen como destino turístico predilecto.

Suiza en cifras

▌Geografía y clima

El territorio de la Confederación Helvética, con sus 41.248 km^2 –una extensión relativamente pequeña–, posee una orografía muy diversa. A grandes rasgos, está conformado por una amplia llanura central flanqueada por dos cadenas montañosas. Al oeste, las montañas del Jura la separan de Francia; al sur y este, la espectacular cordillera de los Alpes hace de frontera con Italia y ocupa casi el 70 por ciento de la superficie total.

Hay que añadir a este relieve sin par una enorme riqueza hídrica. Tres grandes ríos europeos –Rin, Inn y Ródano, con sus afluentes– forman una extensa red fluvial superpuesta sobre todo el país. Añadamos sus más de 1.500 lagos, algunos de ellos, de sobresalientes dimensiones –como el lago de Neuchâtel, el Constanza o el Lemán–, y obtendremos que cerca del 5% de su superficie está cubierta de agua.

Esta diversidad geográfica tiene como consecuencia un parecido contraste climático. Las temperaturas medias abarcan desde los fríos de las cumbres de nieves perpetuas, hasta algunos valles de la cara sur de los Alpes, que disfrutan de la influencia mediterránea, o la llanura central, de inequívoco clima continental.

▲ El mítico perro San Bernardo, con el Matterhorn al fondo.

▌Población e idiomas

La población de Suiza se acerca a los 9 millones de habitantes. Entre ellos, un 25 % son extranjeros residentes (italianos, alemanes, portugueses, españoles, turcos…). La densidad de población es de 215 habitantes por km^2.

El 85 % de esta población es urbana, ubicada en las ciudades cercanas a los grandes lagos y ríos que cruzan la llanura central. Esto es: asentamientos históricos que aprovechaban las posibilidades de comunicación fluvial y terrestre.

Aun así, hay que decir que Suiza no es un país de ciudades enormes. La más poblada –Zúrich– alrededor de medio millón de habitantes. Berna, capital de la Confederación, cuenta con 135.000 almas.

La característica más notable de los habitantes de Suiza es su diversidad, lo que no impide un alto sentimiento de identidad nacional. El visitante encontrará cuatro idiomas oficiales que se reparten el territorio desigualmente: alemán (65%), francés (23%), italiano (9%) retrorromanche (1%), en cifras aproximadas.

Los suizos son también diversos en sus creencias. Dos religiones dominantes (la católica y la protestante) conviven con otras minoritarias y el agnosticismo. La libertad religiosa está protegida por la ley desde el siglo XVI, aunque no se decretó simultáneamente en todos los cantones.

▼ Los relojes suizos se cuentan entre los mejores del mundo.

▲ Vacas suizas en las montañas.

❙ Recursos y economía

El territorio suizo, a causa de su carácter mayoritariamente montañoso, no cuenta con muchas superficies cultivables, por lo que su producción agrícola no llega a cubrir su demanda de alimentos. Esta circunstancia hizo que su economía se orientase tempranamente a la manufactura especializada.

El carácter trabajador y perfeccionista de sus habitantes desarrolló algunas industrias que, adaptadas a la modernidad, aún constituyen un sello de identidad en el mundo. Es el caso de la relojería y otros artículos de precisión, elaboración hoy enriquecida gracias a las nuevas tecnologías y la electrónica. A esta actividad industrial hay que agregar la farmacéutica en el siglo pasado.

También sobreviven exitosamente la industria textil (aunque añadiendo a las fibras naturales –algodón y lana– las artificiales) y la fabricación de productos derivados de la ganadería vacuna y bovina (productos lácteos).

El turismo, desarrollado desde el siglo XVIII por su privilegiada situación y naturaleza incomparable, es también una sustancial fuente de ingresos para el país.

No podemos dejar de citar una de sus actividades económicas mundialmente conocida: la banca financiera suiza, que gestiona el ahorro y las inversiones inter-

▶ Molino de viento cerca de Ginebra, vestigio del pasado medieval suizo.

nacionales con reconocida solvencia, dejando de paso en el país sabrosos beneficios. Como consecuencia de esta tenaz laboriosidad, la renta per cápita de la Confederación Helvética es una de las más altas de Europa.

▲ Mercado agrícola.

❚ Organización social y política

El estado helvético comprende veintitrés cantones y tres medios cantones que ostentan un alto grado de autonomía, con su propios Gobiernos Cantonales y competencias en educación, legislación, religión, sanidad, seguridad… aunque siempre supeditados a la Constitución de la Federación. Estos cantones están representados en el Consejo de los Estados.

Se conserva, en algunos de estos cantones, la tradición de los tribunales populares, que ejercen la democracia asamblearia y directa. Una vez al año, los electores se reúnen públicamente para elegir, con voto no secreto, algunos cargos del cantón y aprobar o rechazar nuevas leyes cantonales.

El poder ejecutivo central descansa en el Consejo Federal: siete miembros elegidos por la Asamblea Federal para la que hay elecciones cada cuatro años. De estos siete miembros se elige al Presidente del Estado, cuyo mandato dura un año; el puesto es rotatorio.

Este hábito de democracia directa y participativa se remonta a los orígenes de la Confederación (ver el resumen histórico), y es una de las más antiguas de Europa. Contradictoriamente, en Suiza las mujeres tardaron mucho en obtener el derecho al voto. Gracias a la autonomía de los cantones, en Valais se aceptó el voto femenino en el ámbito cantonal; posteriormente las mujeres fueron ganando posiciones en las instituciones. Pero, en las elecciones generales, as mujeres no pudieron ejercer el sufragio hasta el año 1971.

❚ Las montañas más altas

Podíamos suponerlo, pero hay que constatar que Suiza es el país europeo con más montañas de más de 4.000 m de altitud; nada menos que 48.

▼ Suiza es el octavo país importador mundial de vinos.

La **esencia** de **Suiza**

Suiza es un país que sorprende a cada paso con paisajes, rincones, espectáculos y toda clase de oportunidades de entretenimiento. Pero en todo viaje hay algunos momentos que vivimos como extraordinarios, inolvidables y representativos. Es un destino que nunca defrauda, y que siempre deleita por su tipismo, fotogenia y poderosa cultura. Hermoso, bien cuidado, orgulloso de su pasado, cuida con celo su legado monumental y paisajístico.

No hay que perderse…

Éstas son algunas sugerencias para quienes viajan por Suiza sin mucho tiempo.

▌ **Un paseo en barco de vapor por el lago de Lucerna** (▶87) en alguno de los estos buques que lo surcan, construidos en los primeros treinta años del siglo pasado. Ofrecen la posibilidad de combinar el paseo con una excelente comida, pero lo insustituible es contemplar el panorama del lago, sus castillos y paisajes.

▌ **Una mañana en el Jardín Botánico de Ginebra** (▶75), cuando sus 16.000 variedades vegetales se abren a la luz del día y ofrecen sus más brillantes colores. Un pequeño zoológico y, sobre todo, sus aves exóticas completan un panorama insólito de bellezas de todo el mundo.

▌ **Tomar algunos de los trenes cremallera más empinados de Europa;** por ejemplo, el Gelmerbahn, que asciende hasta el pico Gornergrat. En veinte minutos alcanzará a contemplar simas, lagos, puentes, alturas alpinas y el segundo glaciar más grande de Suiza (el Gornergletscher). Se parte de Zermatt.

▌ **Visitar la "Maison du Gruyère",** ubicada en Pringy bei Gruyères, entre Moleson y Epagny (cantón de Friburgo). Además de degustar las variedades de este sabrosísimo queso, conoceremos la tradición quesera suiza y el cuidado con el que se elaboran sus productos lácteos.

▌ **Ascender a la Torre del Reloj Astrológico (Zytgloggeturm) de Berna** (▶64). No solo ofrece una vista de la ciudad antigua insuperable; también el mecanismo del famoso reloj es un espectáculo. Se puede comprender que su autor pasara tres años en la torre hasta completar su obra.

▌ **Dedicar media jornada al Museo Rietberg** (▶109), **en Zúrich.** En medio de un maravilloso parque (Rieterpark), esta colección privada de arte, que atesora muestras de todas las épocas y de los cinco continentes, impresiona por su variedad y riqueza. La obra comenzada por el Barón Eduard von der Heydt continúa, ahora en manos públicas.

▌ **Asistir a la Fiesta de la Vendimia de Neuchâtel** a principios de octubre. Esta tradición milenaria, que celebra la recogida de la uva en una de las zonas más vinícolas de Suiza, es hoy día una excelente ocasión para descubrir el espíritu festivo de los suizos. Desfiles de carrozas, bandas de música y degustaciones de los mejores caldos ocupan la noche y el día de miles de personas.

▌ **Un almuerzo en el restaurante giratorio** *Piz Gloria,* **sobre el monte Schilthorn** (casi 2.000 de altura), con acceso desde Interlaken. Los aficionados al cine recordarán a James Bond en estas cumbres; los demás disfrutarán de un espectáculo grandioso.

▌ Esquí en verano
Puede ser el colmo del placer para los aficionados a la nieve. Esto es posible en el Glacier 3000 (con acceso desde Gstaad o Montreux). Hay pistas de esquí alpino y de fondo, para trineos… Y todo ello sin sufrir las bajísimas temperaturas invernales.

▼ Reloj de flores de Ginebra y reloj de Berna.

Breve historia de Suiza

▲ Bandera Suiza ante las montañas.

100.000 a.C. Se ha comprobado la existencia de neandertales en el cantón de Neuchâtel, gracias a vestigios descubiertos, como rudimentarias armas de caza.

6.000 a.C. La agricultura se desarrolla incipientemente por influencia de las cercanas culturas mediterráneas.

4.000 a.C. Hay constancia de pequeños poblados lacustres (junto a los lagos) y de los primeros utensilios confeccionados con metales.

450 a.C. Las tribus celtas –helvéticos, lepontinos, réticos– se establecen en el territorio suizo. La primera de ellas acabará por dar nombre a la nación.

300 al 100 a.C. Se producen diversas y crecientes invasiones del Imperio Romano. El Rin se establece como frontera de la nueva provincia romana, que es nombrada Helvecia.

58 a.C. El mismísimo Julio Cesar cita en su "Guerra de las Galias" el valor y la belicosidad de las tribus helvéticas.

Siglo I La Helvecia romana es dividida en cinco circunscripciones o provincias. A causa de las rutas comerciales y las relaciones con el resto del Imperio, esta zona recibe una decisiva influencia latinizadora.

Siglos III al V Varias invasiones se producen en estos siglos: los alamanes, los burgundios… Ante tales presiones, añadidas a las de los hunos, los romanos se repliegan al Sur de los Alpes. Así se configura la pluralidad lingüística que pervive hoy. Paralelamente se produce la cristianización de la población, que comienza con la romanización y continúa con la expansión de la Iglesia.

Siglo V al IX Se conforman los reinos germánicos. Los francos –merovingios y carolingios– van asimilando territorio desde el Oeste implantando un largo periodo de paz. Carlomagno se corona Emperador de Occidente en el año 800. El sistema social imperante es el feudal.

962 El rey germano Otón I es coronado como emperador del Sacro Imperio Romano Germánico, con la aquiescencia del Papa. Unos años antes ha conseguido repeler las incursiones húngaras.

972 Tras un periodo de invasiones sarracenas, estos son definitivamente expulsados por un ejército a las órdenes de Bernardo de Menthon.

1032 El emperador Conrado II reúne los territorios suizos en uno, unificando así bajo su mandato a las familias dinásticas que se habían ido configurando y que dominaban territorios y vasallos. Es el caso de los Habsburgo, que poseían una buena cantidad de tierras de la actual Suiza, o el de los duques de Zaringia, que fundaron Berna en 1191.

1220 Se abre el paso de San Gotardo, lo que posibilita nuevas rutas comerciales e impulsa el desarrollo de las ciudades, mejor comunicadas.

1291 A la muerte del emperador Rodolfo, tres cantones – Schwyz, Uri y Unterwalen– se reúnen y firman un pacto de defensa mutua –el juramento de Rütli– con el objetivo de mantener la paz, ya que temían las ambiciones soberanistas de los Habsburgo. Aunque otras veces anteriormente se habían firmado pactos parecidos, siempre habían tenido un carácter temporal. Este, sin embargo, es ilimitado en tiempo, y el documento se conserva. Es el llamado documento de la Confederación Helvética, origen de la unidad del país.

▲ Muro de los Reformadores, en Ginebra, estela que representa a los cuatro reformadores de la iglesia en Suiza, encabezados por Calvino.

▲ Escultura de la Fuente de los Caballeros, en Lucerna.

Siglo XIV Varias batallas apuntalaron y ampliaron su existencia, y mantuvieron a raya las ambiciones territoriales de los poderosos. Entre estas batallas caben citar las de Morgarten (1315), Sempach (1386) y Näfels (1388). Anexiones voluntarias o adquiridas en batallas logran que en 1386 los cantones agrupados en la Confederación sean ya ocho.

Siglo XV La ciudad de Berna fue amenazada por los deseos de conquista de Carlos el Temerario, Duque de Borgoña. Las batallas de Grandson, Murten y Nancy dieron la victoria a los confederados. En este siglo también se afianzan las fronteras y la Confederación firma tratados con Francia y Austria.

1470 De este año datan los primeros escritos que cuentan la legendaria historia de Guillermo Tell. Según la crónica, su oposición heroica a un gobernador Habsburgo encendió la rebelión y desembocó en la independencia de los tres primeros cantones suizos. No hay constancia fidedigna de su existencia, pero él ha pervivido en la tradición popular.

Siglo XVI Es el siglo de la introducción de la Reforma protestante. Juan Calvino (1509-1564) se instala en Ginebra en 1536 y esta ciudad

▶ Antigua cocina en el castillo de Kyburg.

se convierte en el epicentro del cristianismo reformado. No se trata de un movimiento exclusivamente religioso, sino también social. Se produjeron diversas guerras de religión, como en el resto de Europa. Unos cantones conservaron su adscripción católica y otros abrazaron el protestantismo; el primero de ellos, Zúrich. Estas guerras acabaron con un tratado de paz y de mutua tolerancia religiosa.

1602 La casa de Saboya, fiel a Roma, trata de dominar la ciudad de Ginebra. Su ejército realizó un ataque nocturno que ha pasado a la historia con el nombre de La Escalada (ya que utilizaron escaleras para franquear las murallas de la ciudad), pero fracasaron porque fueron descubiertos por la población. Esta fecha se conmemora en la ciudad todos los años en la noche del 11 de diciembre.

1603 Se firma la Tregua de San Julián y Saboya renuncia a sus pretensiones.

1610 Es canonizado el cardenal Carlos Borromeo (1538-1584), quien fue decidido defensor del catolicismo en Suiza, y fundó en Milán el Colegio Helvético.

1618-1648 Durante estas tres décadas de guerra generalizada en Europa –la Guerra de los Treinta años-, Suiza se mantiene neutral, como se recoge en la Conferencia de Münster (1648). Este principio de neutralidad será en adelante un sello de identidad en su política exterior. El resto de las naciones europeas reconocen la independencia suiza en el Tratado de Westfalia, firmado el mismo año.

Siglo XVIII Aunque el siglo acabó en conflictos bélicos, fue en su mayor parte una época de paz que propició el desarrollo de las industrias relojera y textil, así como del sistema bancario suizo. Políticamente, se asienta la conciencia nacional y Suiza recibe las influencias ideológicas de la intelectualidad europea.

1762 Se expanden las ideas de la Ilustración y se funda la Sociedad Helvética, que agrupa a pensadores e intelectuales de todas las tendencias en mutua tolerancia. Proliferan las sociedades culturales del mismo signo.

▲ Estatua de Lutero en la Marienkirche de Berna.

▲ Detalles de un antiguo
uniforme militar helvético.

1792 En París se produce un hecho que convulsiona al pueblo suizo: la Guardia Suiza de la familia real francesa es masacrada en la plaza de las Tullerías.

1798 Las tropas napoleónicas invaden Suiza. En Berna se organiza un ejército que acaba por ser vencido en la batalla de Grauholz. Se establece la nueva República Helvética, que centraliza el poder con un sistema bicameral. Un tratado con Francia acaba temporalmente con su política de no intervención en guerras europeas.

1803 Entre los suizos había partidarios del nuevo centralismo y del anterior sistema de cantones; se produce un periodo de guerra civil. Napoleón arbitra una nueva constitución que recupera el cantonalismo, pero igualando el estatus de los diferentes territorios.

1815 La nación Suiza es reconocida con sus veintidós cantones en el Congreso de Viena, que también devuelve al país los territorios del Jura suizo que permanecían bajo dominación francesa.

1846-1848 Las diferencias políticas –unidas a las religiosas– desembocan en una corta pero sangrienta guerra civil entre federales liberales y conservadores. En 1848 se ratifica una constitución que respeta la soberanía de los cantones, sujetos a un gobierno central; este está formado por una asamblea bicameral. El gobierno está constituido por siete ministros con una presidencia de rotación anual. El primero de estos presidentes es Jonas Furrer.

1863 Henry Dunant funda la Cruz Roja como organización de intervención humanitaria en conflictos bélicos.

1864 La Convención de Ginebra regula la protección de los soldados heridos en contienda y el respeto a los derechos humanos.

1871 Como aplicación de estos principios, los soldados franceses vencidos en la guerra contra Prusia se entregan en territorio suizo, donde se les asegura la asistencia a los heridos. Se trata de la operación humanitaria más importante hasta el momento.

Siglo XIX En este siglo tienen lugar una serie de avances políticos y sociales de importancia: establecimiento de la enseñanza pública obligatoria y gratuita (1855), limitación de la jornada laboral a sesenta y cinco horas semanales (1877), así como el establecimiento de la libertad de religión y prensa.

Siglo xx Al comienzo de este siglo, Suiza cuenta con casi tres millones y medio de habitantes. Se producen movimientos humanos de inmigración y emigración.

1902 Se crea el Banco Nacional Suizo.

1914-1918 Suiza mantiene su neutralidad durante la Primera Guerra Mundial. Al finalizar esta, se constituye en Ginebra la Liga de las Naciones.

1918 Una huelga general reivindicativa (causada por las diferencias sociales entre la Suiza francófona y la germánica) es duramente reprimida, pero obtiene la jornada laboral limitada a cuarenta y ocho horas semanales.

1939-1945 Suiza elude su participación, y frena la expansión del fascismo prohibiendo la organización de extrema derecha Frente Nacional. Aunque en 1942 cerró sus fronteras, cumplió un papel histórico acogiendo un buen número de refugiados de los países contendientes. Su neutralidad le permitió mantener relaciones comerciales con ambas partes.

1979 Reivindicado largamente por los separatistas francófonos del cantón bernés, por fin en este año nace el cantón Jura como el número veintitrés.

1992 Suiza decide no formar parte de la Comunidad Económica Europea, aunque sí participa en el Fondo Monetario Internacional.

1995 Suiza se incorpora al tratado de Schengen sobre la libre circulación de personas.

2000 En un siglo, la población suiza se ha duplicado. Pasa de los siete millones doscientos mil habitantes.

2002 Acepta su ingreso en la Organización de Naciones Unidas. Sin embargo, ya desde 1996 formaba parte de la Asociación por la Paz creada en el seno de la OTAN.

2014 El gran tenista suizo Roger Federer gana por vez primera la copa Davis.

2017 Los suizos aprueban en referéndum promover las energías renovables y prohibir la construcción de nuevas centrales nucleares.

2020 En febrero de este año, se da el primer caso de COVID-19 y se empiezan a implementar medidas de seguridad.

▲ Joven ataviada con la vestimenta tradicional de Thurgau.

2023 Se ven reducidos en un 10% el hielo de los glaciares en solo dos años, siendo considerados los dos años más calurosos de la historia desde que hay registros.

2024 Suiza es nombrado mejor país del mundo por tercer año consecutivo por *US News & World Report*.

Naturaleza y paisaje

▲ Cabra montés *(rupicapra rupicapra)*.

▼ La montaña suiza es perfecta para practicar el esquí.

En una superficie total relativamente pequeña, Suiza presenta una variedad paisajística verdaderamente única. El pueblo suizo es consciente de su fortuna natural, por lo que casi el 30 por ciento de su territorio total es zona protegida. Destacan sus parques naturales, donde además se preservan especies animales en peligro de extinción. El más grande de estos parques –el Parque Nacional Suizo– está situado en el cantón de los Grisones, con una extensión de 600 km^2.

En el territorio de la Confederación podemos encontrar un Parque Nacional (►46), 16 parques naturales, y un espacio designado Reserva de la Biosfera por la UNESCO (Entlebuch, ►34), más cinco zonas catalogadas por dicha institución internacional como Patrimonio de la Humanidad.

El panorama natural de la Confederación Helvética es tan variado en su aspecto como rico en su diversidad de flora y fauna. Respecto a la flora, se contabilizan más de 3.000 especies diferentes. Hay que reseñar que el 30 por ciento del territorio suizo está cubierto de bosques.

En las tierras bajas y la llanura central podemos encontrar algunas especies arbóreas propias de los países mediterráneos, como castaños, hayas, nogales, encinas, frutales e incluso palmeras. La capa vegetal va cambiando con la altura; a partir de los 1.500 m, se hacen presentes los abetos blancos o rojos, alerces, pinos…; un poco más arriba prosperan las especies vegetales alpinas: anémonas, lirios y el emblemático edelweiss, la

▲ Bosque en las proximidades de Allschwiler, en Basilea.

flor de las nieves, hoy día, desgraciadamente,en peligro de desaparición.

Los árboles tienen suma importancia en el imaginario suizo: durante siglos, fueron a materia prima más usada para la construcción. Se conserva la tradición de plantar árboles conmemorativos en lugares públicos, y la memoria de los "tilos de la justicia", bajo los cuales se reunían los habitantes de los ayuntamientos para adoptar decisiones.

La fauna no es menos heterogénea: unas 40.000 especies animales se distribuyen por el territorio suizo, en dependencia también de sus distintos entornos físicos. Aunque extinguidos los grandes mamíferos (como el emblemático oso) por la presión humana secular, resta un buen número de especies de vistosas aves, como la perdiz nival, el pájaro carpintero y las grandes rapaces de las alturas, entre las que destaca el águila real. Los lagos, ríos y zonas pantanosas son lugares de descanso de aves migratorias –ánades, garzas y otras zancudas–, además de proporcionar buena pesca, de trucha sobre todo.

Podemos encontrar más de ochenta especies de mamíferos, aunque no siempre de fácil avistamiento: zorros, ardillas, marmotas… hasta el lince europeo o el lobo. En las zonas más montañosas proliferan rumiantes ungulados como las cabras montesas, los corzos, rebecos y ciervos rojos.

Idiosincrasia

▲ El 'alphorn' es un instrumento de viento típico de los Alpes, que llega a alcanzar una longitud de 4 m.

En Suiza conviven armoniosamente, perfectamente compatibles entre sí, la más vanguardista modernidad y un cuidado mantenimiento de las tradiciones; un sentido de la identidad nacional y a la vez el profundo enraizamiento de sus habitantes en la cultura cantonal y local.

Teniendo en cuenta la orografía del país, se comprende que las comunicaciones entre poblaciones no eran fáciles en el pasado; sin embargo, precisamente por la limitación de superficies cultivables, estas comunicaciones eran substanciales para el abastecimiento de la población.

De todas estas condiciones han hecho los suizos virtud; de ahí viene su laboriosidad y sentido del ahorro, y también una inteligente especialización en el trabajo perfecto para compensar sus carencias en materias primas. También de la asociación libre de comunidades distintas –una organización social nada centralista– han aprendido la importancia de la colaboración, la tolerancia y la capacidad de convivencia en la diversidad.

Como dijo el filósofo estudioso de las nacionalidades Ernest Renan, la Confederación Helvética es una "nación-voluntad", creada desde el pueblo llano con alianzas sucesivas y voluntarias, y no impuesta.

Fiestas

Algunas fiestas tradicionales suizas conmemoran hechos históricos pasados, pero las más tienen un origen campesino (agrícola o ganadero). Estas son las principales:

▌Fiestas de primavera

Ticino: Viernes Santo (varía según calendario). De religión católica, esta es la zona donde se hallan celebraciones religiosas, autos sacramentales y procesiones.

Zúrich: El Festival Sechseläuten ("campanadas de las seis"). Terceros domingo y lunes del mes de abril. Las 6 era la hora en la que acababa la jornada laboral desde la primavera. El domingo, tras las campanadas, tiene lugar un espectacular desfile de niños ataviados con trajes tradicionales y de los gremios, que termina con la quema de un imponente muñeco (el *Böögg*, con la apariencia de un muñeco de nieve) que representa la muerte del invierno. El lunes desfilan los gremios con trajes de época, tras una noche de fiesta y música.

▲ Máscara de Carnaval.

▌Fiestas de verano

El día de San Juan se conmemora en muchas ciudades con hogueras, como en el resto de Europa. En este caso, las hogueras recuerdan el sistema de comunicación ante posibles peligros que usaban los suizos en otros tiempos. Con frecuencia se acompaña con alegres comidas colectivas. Día 24 de junio.

▼ Músicos suizos de una orquesta callejera.

▲ Dos disfraces en el Carnaval de Basilea.

La Batalla de Sempach (1386) se celebra en el Cantón de Lucerna, en la ciudad de Sempach. Hay vistosos desfiles de soldados ataviados con uniformes de época. Día 9 de julio.

La Fiesta Nacional, que recuerda la fundación de la Confederación (1291), se celebra desde el siglo XIX. Tienen lugar actos públicos y discursos en el mismo paraje donde se formalizó el juramento de Rütli, en el Lago de los Cuatro Cantones, que se transmiten a todo el país. Día 1 de agosto.

❙ Fiestas de otoño

Las fiestas de la Vendimia se celebran en las regiones vinícolas en las últimas semanas de septiembre. La más populosa es la de Neuchâtel, que dura tres días y acaba con un desfile de impresionantes carrozas.

Las ferias de Ganado y Agrícolas, que ocurren en esta misma época, son ahora grandes fiestas en las que concursan los mejores animales, adornados profusamente. Una de las más famosas se celebra en Friburgo.

"El Reparto del Queso" entre los dueños de ganado pervive en lugares, como el Valle de Justi (Cantón de Berna), el cuarto viernes de septiembre.

La Batalla de Morgarten (1315) se celebra en los cantones de Schwyz y Zug con desfiles y actos públicos. Día 15 de noviembre.

❙ Fiestas de invierno

"La Escalada", en Ginebra, conmemora la victoria de los ginebrinos sobre las tropas del Duque de Saboya (1602), que intentaron sorprender a sus habitantes en un ataque nocturno por medio de escaleras sobre las murallas. Se festeja con procesiones de antorchas por la ciudad vieja y con el reparto de ollas de chocolate. Días 11 y 12 de diciembre.

La "caza de San Nicolás" se realiza en varios cantones de tradición católica (como Swchitz), y consiste en una procesión festiva en la que los participantes llevan látigos, barbas postizas, cencerros y cuernos, haciendo considerable ruido. Día 5 de diciembre.

Las **fiestas dedicadas a San Nicolás** son varias, pero su día es el 6 de diciembre. Los niños recorren las casas pidiendo golosinas y frutos a cambio de canciones y refranes. Se celebra sobre todo en las zonas de tradición germana.

Las fiestas de Año Nuevo y de los Reyes Magos. Estas celebraciones tienen lugar en varios cantones, representadas con procesiones y cantos de villancicos. Días 1 y 6 de enero.

Schwyz: concurso de látigos. Ataviados con disfraces orientales, los competidores hacen restallar sus látigos, desfilan y regalan caramelos a los niños. Día 6 de enero.

Urnäsch (Cantón de Appenzell): Silvester-Klause. Grupos de enmascarados con un enorme cencerro al hombro desfilan y felicitan a los habitantes el año nuevo. Día 13 de enero.

Basilea: Fiesta del Pájaro Grifo (Vogel Gryff). Tres personajes –el Grifo, el León y el Hombre Salvaje– desfilan por la margen derecha del Rin –que divide en dos la ciudad– acompañados de bufones y tambores, recabando limosnas para obras benéficas. Días 13, 20 o 27 de enero, alternativamente.

La Engadina (País de los Grisones): Carreras de trineos con caballos. Los trineos son conducidos por un hombre vestido con frac, acompañado de una muchacha con traje tradicional. Últimas semanas de enero.

Basilea: Carnaval. Es el más famoso, aunque no el único que se celebra en Suiza. Se trata de una fiesta muy vistosa, burlesca, de máscaras y sátira política. Son célebres sus comparsas disonantes y ruidosas. Se financian por suscripción popular. Lunes siguiente al miércoles de Ceniza.

Lotshental (Cantón de Valais): Fiesta de máscaras Tschäggättä (moteado). Los solteros se disfrazan con feroces máscaras talladas en madera y pintadas, además de cubrirse con pieles de animales. Recorren la población asustando a las muchachas. Tiene un antiguo origen. Día 3 de febrero.

▲ Fiesta de la Vendimia, en Neuchâtel.

Personajes célebres

▌Guillermo Tell

No se ha comprobado la existencia real de esta figura mítica que es, sin embargo, popular en todo el mundo gracias a la tradición y la literatura.

El rastro escrito más antiguo que se tiene de él aparece en el *Chronicon Helveticum,* de 1470, momento no muy lejano a su teórica existencia. Pero, si se trata de una creación fantasiosa, no cabe duda de que representa cabalmente el espíritu popular del siglo XIII, cuando era tan necesario para los suizos defenderse de posibles abusos y ambiciones territoriales de los nobles.

Es bien conocida la historia: Guillermo Tell, nacido en el cantón de Uri, campesino y muy buen tirador de arco, se niega a inclinarse ante un símbolo del emperador austriaco, y es castigado por el gobernador Gessler a disparar sobre una manzana colocada sobre la cabeza de su hijo. Acierta a partir la manzana sin herir al niño, pero guarda otra ballesta en la mano. Preguntado por esta circunstancia, declara que está preparado para matar a Gessler si su hijo hubiera resultado herido. Por esta actitud rebelde se le hace preso, galeote y proscrito. Con el tiempo, escapado de su condena, logra matar en una emboscada al cruel gobernador.

Parece que existen similares versiones de la leyenda en otras culturas europeas, pero ninguna se ha difundido tanto. A ello han ayudado las muchas versiones literarias y operísticas; entre las primeras destaca la de Schiller.

Jean-Jacques Rousseau

(Ginebra, 1712-Francia, 1778) Hijo de familia modesta, de profunda fe calvinista, y huérfano desde muy niño, fue criado por unos tíos que ejercieron de verdaderos padres. No cursó estudios universitarios regulares, sino que fue un intelectual autodidacta: bajo la protección de Mdme. de Warens, una dama adinerada, se instruyó en filosofía y música. En su juventud desempeñó diversos trabajos de aprendiz y, más tarde, como periodista. Con este bagaje intelectual se trasladó a París a los 30 años. Trabó amistad con los ilustrados de la época y le fueron encargados los artículos sobre música para la Enciclopedia de Diderot y D'Alambert.

Saltó a la fama con sus escritos filosóficos, en los que defendía la libertad del ser humano *(Discurso sobre el origen de la desigualdad entre los hombres, El contrato social,* etc.) y su bondad innata, que la sociedad malogra. Sobre este último tema escribió la novela pedagógica *Emilio,* que le valió la condena de las autoridades y su cada vez más acentuado ostracismo. Retirado de la sociedad, murió a los 66 años. No obstante, sus teorías ejercieron una influencia enorme en los ideólogos de la Revolución Francesa.

Henry Dunant

(Ginebra, 1828-Heiden, 1910) Nació en una acomodada familia de religión calvinista y muy dedicada a las obras de caridad. Él mismo, desde la juventud, revela un noble interés por las cuestiones sociales

Regresando de Argelia a Suiza, tuvo la ocasión de contemplar las consecuencias de la terrible batalla de Solferino (en la guerra franco-italiana contra los austriacos). Muy impresionado, organizó con las mujeres de la comarca una eficaz asistencia a los heridos de ambos bandos. De esta primera acción surgió su idea de crear una organización internacional y neutral que socorriera a los heridos de guerra; así llegó a nacer la Cruz Roja Internacional, constituida en 1863. En el año siguiente, logró que la Convención de Ginebra se reuniese y pronunciase sobre un trato humanitario a los heridos de guerra.

Fracasado en sus negocios, y perseguido por los arribistas, pasó épocas de penuria, aunque nunca de desánimo. Tras una época en París, donde fundó la "Sociedad de Socorro Mutuo", regresó a Suiza.

Sus ideas humanitarias están aún vigentes: el desarme, la creación de un estado judío compatible con Palestina, la existencia de un tribunal internacional… En sus últimos años su labor fue reivindicada, y en 1901 recibió el primer Premio Nobel de la Paz.

Otros suizos famosos

El escritor suizo **Carl Spitteler** (1845-1924) recibió el Premio Nobel de Literatura en 1919. Es el autor de una obra monumental llamada *Primavera Olímpica.*

Alain Tanner (1929-2022) es uno de los directores suizos más conocidos y celebrados.

También **Jean-Luc Godard** (1930-2022) es de origen suizo, aunque ha desarrollado su carrera cinematográfica en Francia.

El tenista **Roger Federer** (1981) es el deportista suizo con más galardones deportivos. Fue número uno del mundo en su especialidad más de cuatro años, hasta ser destronado por el español Rafael Nadal en 2008. Continúa su carrera deportiva en los primeros puestos mundiales. En 2014 gana la copa Davis.

Le Corbusier fue el seudónimo escogido por Charles Edouard Jeanneret (1887-1965) para revolucionar la historia de la arquitectura. Nació en La Chaux-de-Fonds.

Ursula Andress (1936), bella actriz nacida en Berna, pasará a la historia como primera chica Bond, entre otros papeles de cine y televisión.

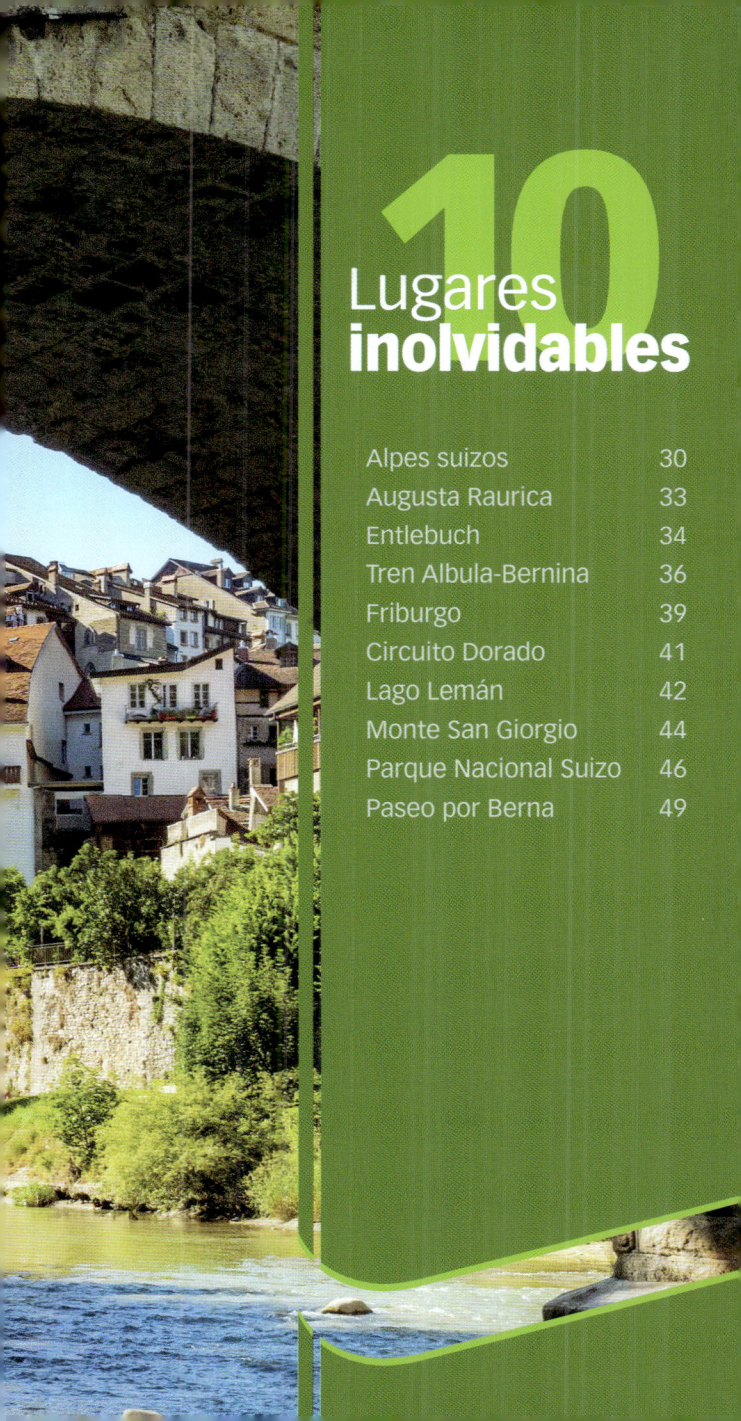

10 Lugares inolvidables

Alpes suizos: Junfraujoch-Aletsch

1

Además de constituir una de las bellezas naturales más extraordinarias de Europa, es un lugar donde se desarrollan importantes investigaciones geológicas y biológicas desde hace décadas, ya que presenta unas características únicas para estudiar los ecosistemas glaciares.

Info

Oficina de Información de Interlaken
✉ Marktgasse 1.
Postfach
☎ 33 826 53 00
🖥 www.interlaken.ch
www.berneroberland.ch

Este parque alpino lo comparten el Oberland Bernés (el 60% de su superficie) y el cantón de Valais (el 40% restante). Ha sido declarado Patrimonio de la Humanidad por la UNESCO gracias a sus especiales riquezas naturales: las espléndidas cumbres alpinas del Jungfrau (de 4.158 m de altura), el Schreckhorn (con 4.078 m), el Wetterhorn (de 3.700 m), el Eiger (3.970 m) y el glaciar Aletsch, el más grande de Europa. Esto es: un paisaje increíblemente bello e inigualable al alcance del visitante.

En el siglo XVIII, y sobre todo en el XIX, aumentó el interés por las naturalezas alpinas; escritores y excursionistas pusieron de moda un turismo desconocido hasta el momento, apasionado por las cumbres inaccesibles y desiertas. El acceso fue cada vez más fácil con la creación de los trenes-cremallera, cuya primera muestra fue el que asciende al monte del Rigi, en 1871. El tren-cremallera que nos lleva hasta las alturas del Jungfraujoch se comenzó a construir en 1896 y se terminó en 1912, con su estación a 3.454 m sobre el nivel del mar: la más alta de Europa. Su recorrido es de 7 km, durante los que atraviesa algunos túneles y posibilita, a tramos, panorámicas de las cercanas cumbres. Las alturas que va alcanzando son bastante memorables; los que sufren vértigo tendrán que acostumbrarse, porque merece la pena el esfuerzo.

Una vez arriba, el viajero tiene la posibilidad de visitar el sorprendente Palacio de Hielo (*Eispalats*) con sus esculturas, realizar un recorrido en trineo tirado por perros de las nieves, probar sus habilidades sobre las tablas de esquí o simplemente deleitarse en la contemplación de las maravillas naturales a la vista, como las cumbres cercanas o el nacimiento del glaciar Aletsch. Como era de esperar, en la cumbre se hallan también recursos de restauración para todos los bolsillos y gustos.

Más de 20 aldeas se reparten por este territorio. Una de las más concurridas por los amantes de la nieve es Bettmeralp. Se trata de una población peatonal, accesible en funicular, dedicada al turismo y el esquí y situada en una zona contigua al glaciar Aletsch. Además de su

▲ Iglesia de Scuol.

◄ Los Alpes suizos en verano.

▲ Parque Junfraujoch-Aletsch.

estupenda estación invernal, es uno de los puntos privilegiados para contemplar la magnificencia del glaciar: el Bettmerhorn, a casi 3.000 m de altura.

Otro punto de contemplación del glaciar, a más altura de la lengua de nieve que el anterior, es Eggishorn (con acceso por funicular desde la población de Fiesch).

El Aletsch, ya en territorio del cantón del Valais, nace a más de 4.000 m de altitud en forma de tres lenguas glaciares que se unen en una zona llamada popularmente "La Plaza de la Concordia" (*Konkordiaplatz*). Desde allí, con sus 27.000 millones de toneladas de hielo y nieve, traza meandros en su parte superior y baja después más derecho hasta el lago Märjelen, que crece con sus deshielos primaverales.

Su longitud total es de 24 km y su anchura, variable, es de 1,5 km aproximadamente. Su grosor ha descendido en las últimas centurias, pero el volumen de hielo que contiene lo preserva relativamente del calentamiento global.

En tan amplia extensión se ubican muy variados recursos de alojamiento a la medida de todos los bolsillos. En cuanto a los transportes, los funiculares y los autobuses son los medios más adecuados para recorrer la zona. Con la adquisición previa del *Swiss-Pass*, se abarata enormemente esta excursión inolvidable.

Ciudad romana
Augusta Raurica

La que fue una sobresaliente población romana
–llegó a tener 20.000 habitantes– se encuentra
a 11 km de Basilea, al sur del Rin, rodeada hoy
día de una zona residencial a la que se accede
fácilmente en tren, autobús o en coche desde
la ciudad.

P arece que fue fundada por el general Lucius Muna-
tus Plancus en el año 44 a.C. Su nombre proviene
de la refundación de la ciudad en tiempos del emperador Augusto, añadiendo el sobrenombre por la tribu
celta que ocupaba la zona: los rauracos. Vivió tiempos
de esplendor en los siglos I y II, y se tiene constancia
de su especialización en el curado y la venta de carne
de cerdo.

En el siglo III fue destruida por los alamanes. Queda-
ron sus restos rodeados de bosque, mientras que en las
inmediaciones se construyó un castro defensivo que fue
enclave medieval (*Kaiseraugust*), junto al cual se ubica
la estación de tren.

En el siglo XVI comenzó la recuperación de la ciudad
romana; las excavaciones se impulsaron en los siglos
XIX y XX, así como la reconstrucción, que se nota ligeramente forzada… No obstante, se trata del más destacado vestigio de la época de la dominación romana
al norte de los Alpes. Su museo recoge los hallazgos de
las excavaciones: objetos cotidianos, y una magnífica
colección llamada "El Tesoro de la Plata". También son
muy llamativos los mosaicos reconstruidos que se exponen. En general, se recibe una clara idea de los primeros
siglos de nuestra época y de su historia.

Es posible recorrer la antigua ciudad e ir al encuentro
de sus edificios más significativos. Por ejemplo, un teatro
con aforo para miles de espectadores, el foro, los restos
del templo situado en una altura –como era costumbre–,
así como vestigios de construcciones de canalización
de agua, el acueducto que abastecía la población, los
baños públicos, etc.

El parque de animales recrea los animales domésti-
cos de la época en una exposición al aire libre.

La Casa Romana reconstruida –totalmente nueva,
pero repitiendo fielmente los cánones de la época– resulta muy pedagógica; es una visita muy adecuada para
compartirla con niños y adolescentes.

Hay que decir que las excavaciones continúan y se
calcula que no se ha llegado a descubrir más que el 20 %
de la antigua ciudad romana.

2

Info

**Römerstadt Augusta Raurica
Oficina de información**
- Giebenacherstrasse 17
  Augusta
- 61 552 22 22
- De 10 a 16.30 h
- libre
- www.augustaraurica.ch

Museo
- 8 CHF
- Varía en invierno y verano;
  consultar

▼ Anfiteatro de la ciudad
  romana.

Entlebuch,
reserva de la biosfera

3

Esta zona fue la primera que la UNESCO distinguió en Suiza como reserva de la biosfera. Tal calificación supone un reconocimiento de sus valores ecológicos y también conlleva una estrecha vigilancia para que la actividad humana sea perfectamente compatible con la conservación de una naturaleza salvaje.

Info

**Schüpfheim Oficina
de información
UNESCO Biosphäre
Entlebuch**
✉ Chlosterbüel 28
☎ 041 485 88 50
🖰 www.biosphaere.ch
Sörenberg Flühli Tourismus
☎ 41 488 11 85
🖰 www.soerenberg.ch
Kurhaus Flühli (***)
✉ Dorfstrasse 3- Flühli
☎ 41 488 11 66
🖰 www.kurhausfluehli.ch

Situada en el cantón de Lucerna, al sureste de la capital del cantón, la región de Entlebuch comprende una superficie de 400 km^2 en los que es posible encontrar una sobresaliente diversidad de ecosistemas con su flora y su fauna distintas y sus paisajes correspondientes, todos ellos sorprendentes e inventariados como tesoros nacionales que son.

Se trata de un área pre-alpina con amplias praderas, riachuelos, montañas, mesetas cársticas, turberas, valles y una zona pantanosa que es la más grande de Suiza. En invierno, la nieve cubre gran parte del territorio y presenta magníficas ocasiones deportivas; en verano y primavera, la naturaleza se exhibe en toda su plenitud más exuberante.

En este territorio existen nueve comunas; el centro de información está en la población de Schüpfheim. El acceso más cómodo es por vía férrea; un tren (el Regio Express) comunica Berna con Emmental, Entlebuch y Lucerna cada hora (en ambas direcciones). El viaje, de apenas 90 minutos, atraviesa las tranquilas llanuras de Emmental (donde pastan las pacíficas vacas de cuya leche se elabora el famoso queso) y los paisajes sorprendentes de Entlebuch.

La región oferta excelentes oportunidades turísticas, ya sea de excursiones campestres, etnográficas o de puro ocio y descanso. Entre las primeras, una de las más interesantes se alcanza tomando un autobús (que sale cada hora) desde Schüpfheim hasta Sörenberg, donde tomar el teléférico Rossweid que lleva hasta el comienzo de un camino que recorre la zona pantanosa, pasando por el centro de hidroterapia **Kneipp** –uno de los más famosos balnearios de Suiza– cerca de la población de Flühli. Este

▲ Leña cortada.

◄ Reserva de la biosfera de Entlebuch.

centro de salud ofrece visitas guiadas por la zona, paseos con guía y una amplia oferta de entretenimientos.

En la comuna de Flühli se ubica un hotel y restaurante –el **Kurhaus Flühli**– cuyo edificio tiene más de 200 años, de estilo popular con toques modernistas, que es en sí mismo muy digno de ver, tanto su exterior como su decoración interior.

Otra de las excursiones más apreciadas por los amantes de la naturaleza es la que sigue el curso del pequeño río Emme, desde la población de Hasle hasta Wolhusen; se trata de un sendero didáctico señalado e ilustrado con paneles explicativos, muy adecuado para las travesías con niños y adolescentes. Puede realizarse con guía, o bien siguiendo los mapas e indicaciones que se pueden obtener en los centros de información turística.

También se hallan zonas agrícolas en funcionamiento y vestigios de antiguas explotaciones muy interesantes, como las de lavado de oro o de elaboración de carbón en las turberas. Por su parte, la arquitectura popular de Entlebuch –sus pequeñas villas– es igualmente atractiva para el visitante.

Ferrocarril Albula-Bernina (Tirano-St. Moritz-Thusis)

4

Diseñado en 1889 y construido en dos tramos (el tramo llamado Albula y el segundo, Bernina) hasta 1910, ostenta la distinción de Patrimonio de la Humanidad otorgado por la UNESCO gracias a su excelencia como obra de ingeniería tanto como al interés de su trayecto.

Esta línea férrea transnacional –pues llega hasta Tirano, en Italia, desde Thusis, en el cantón de los Grisones– recorre buena parte de los Alpes, se detiene en nueve estaciones y cuenta con 130 km de vía.

El primer tramo, abierto al público en 1904, tiene una longitud de 67 km de largo. Atraviesa el paisaje de la Albula sorteando alturas y valles gracias a más de 40 túneles y casi 150 viaductos, algunos de ellos construidos sobre pilares de casi 70 m de altura. El tren original era a vapor.

El segundo tramo, que prolongó el primero, se inauguró en 1910 y añadió otros 60 km al total del viaje, haciendo accesible la Engadina y sus maravillas naturales. Cuenta con 13 túneles más y otros 50 puentes. De nuevo la ingeniería civil aportó los últimos adelantos para completar la aventura paisajística que hoy está a disposición del viajero; se considera una obra maestra desde el punto de vista técnico que resolvió la comunicación ferroviaria en condiciones orográficas extremas. De hecho, la vía transcurre a alturas sobre el nivel del mar que van desde los 400 m a los más de 2.000.

El tren, eléctrico y de vía estrecha, que puede tomarse gratuitamente si se cuenta con el *Swiss-Pass* (aunque conviene reservar plaza), permite un viaje norte-sur o viceversa entre los puntos del trayecto que más nos interese explorar. La riqueza natural a la que nos asomamos desde las ventanillas es variadísima, majestuosa, impresionante: riberas de lagos, praderas, cumbres, algún glaciar… No menos interesante es el patrimonio humano e histórico que nos aproxima.

Entre los núcleos urbanos que recorre, sin duda el más famoso es **Saint Morizt,** centro turístico situado en la Alta Engadina, a 1.856 m de altura y junto al lago Murezaan. Fungió como balneario ya en la época de la dominación romana por la calidad de sus aguas ferruginosas. Presume de disfrutar de 322 días de sol al año, por lo que el astro es el símbolo de la ciudad.

Su relevancia como estación de invierno no es nueva: en 1935 se instalaron en sus cercanías los primeros remontes para la práctica del esquí. Cuenta con 350 km

Info

St. Moritz Tourist Information
- ✉ Vía Maistra 12
  7500 St. Moritz
- ☎ 41 818 37 33
- 🖥 www.stmoritz.com

Restaurante Hotel Hauser (∗∗∗)
- ✉ Vía Traunter Plazzas
- ☎ 41 81 837 50 50
- 🖥 www.hotelhauser.ch

▶ Espectacular paisaje de Graubünden.

▲ Saint Moritz.

de pistas balizadas para todos los niveles técnicos, más de 180 km para esquí de fondo, y una infraestructura hotelera y de restauración que le ha hecho merecedora de ser sede de Juegos Olímpicos de Invierno por dos veces a lo largo de la historia.

En verano, el senderismo y otros deportes –golf, parapente, escalada, equitación…– son también muy demandados. En los alrededores, un rosario de lagos, una notable red de 150 km de senderos, y admirables panorámicas alpinas seducen al viajero. Además, la localidad ostenta otro tipo de atractivos como los vestigios de la **iglesia de Saint Moritz** (que data del siglo xvi), la **torre inclinada**, el **museo Segantini** (dedicado al pintor Giovanni Segantini). Celebraciones, competiciones, festivales y otras actividades lúdicas completan el atractivo de esta ciudad alpina. No es precisamente barata, aunque siempre se encuentran alternativas económicas si el viaje se organiza con previsión.

Friburgo

Capital del cantón del mismo nombre y situada, como tantas ciudades suizas, aprovechando un meandro fluvial (del río Saane), esta pequeña ciudad de menos de 40.000 habitantes nos traslada como pocas de Europa a la Edad Media en sus aspectos más bellos.

5

Valga como dato significativo que ostenta nada menos que 200 fachadas góticas. Sus calles estrechas y escaleras empinadas –pues está construida sobre un montículo rocoso– están envueltas por la muralla fortificada que luce 14 torres defensivas, todo ello en perfecto estado de conservación. Recorriendo la ciudad encontramos una profusión de fuentes encantadoras y, sobre el río, varios puentes medievales; el más sorprendente, el de Berna, de madera. Llaman también la atención los adoquinados y las paredes curvadas de las antiguas casas.

Fue fundada en 1157 por Berthold IV, duque de Zäehringen, sobre los restos de un asentamiento arqueológico del Neolítico. Dominada en algunos periodos por las familias Habsburgo y Saboya, fue por fin independiente y se unió a la Confederación Helvética en 1481. Su estratégica situación ayudó a un florecimiento económico notable a partir de época medieval, y desde entonces cuenta con una industria textil pujante. Por ella transcurre una parte de lo que fue el Camino de Santiago, y en el siglo XV defendió su adscripción a la Iglesia romana, por lo que fue lugar de refugio de católicos perseguidos en otros cantones suizos. De hecho, aloja la única universidad católica de Suiza, fundada en 1889.

Para visitar su escarpado urbanismo se aconseja realizar un recorrido en el pequeño **tren** que existe al efecto. Otro vehículo nos permite llegar a la parte alta de la ciudad desde su barrio bajo (llamado Neuville): un teleférico de cien años de antigüedad que fue puesto en funcionamiento por suscripción popular. La vista desde él es fantástica. Además, y gracias a su universidad, la población de Friburgo es muy joven, lo que aporta un ambiente animado y distendido.

El monumento más célebre de la ciudad es la **catedral de San Nicolás**, de estilo gótico tardío. La construcción comenzó en 1283, pero no se terminó hasta el siglo XVIII. Son notables las tres hermosas naves, una capilla dedicada al Santo Sepulcro (de 1433), un famoso órgano del siglo XVIII, las vidrieras modernistas… Y, sobre todo, su torre única y truncada –incompleta– de 74 m de altura. Hay que trepar sus 368 escaleras para

Info

Oficina de Turismo
- ✉ Place Jean-Tinguely 1
- ☎ 41 26 350 11 11
- 🌐 https://fribourg.ch
- 🕐 De octubre a abril, de 9 a 17.30 h, sábados de 9 a 13 h. De mayo a septiembre, de 9 a 17.30 h, sábados de 9 a 16 h, domingos de 9 a 15 h.

Catedral de San Nicolás
- ✉ Rue des Chanoines 3
- ☎ 26 347 10 40
- 🌐 www.notre-dame-de-fribourg.ch
- 🕐 De 7.30 a 19 h de lunes a sáb, dom de 9 a 21.30 h Subida a Torre: de 10 a 18 h (solo de marzo a noviembre)

▼ Vista de la ciudad, con la torre gótica de la catedral.

**Museo Jean Tinguely
(Espace Jean Tinguely)**
✉ Rue Morat 2
☎ 26 305 51 40
🕐 De 11 a 18 h de miércoles a
   dom (cierra lunes y martes)

Museo Suizo de la Marioneta
✉ Derriere les Jardins 2
☎ 26 322 85 12
🖱 www.marionnette.ch
🕐 De miércoles a domingo, de
   11 a 17 h

▼ Trazas medievales
   de Friburgo.

contemplar desde lo alto la ciudad, la vega del río y, de
telón omnipresente y majestuoso, los Alpes.

Otros edificios notables son la **iglesia de los Fran-
ciscanos** (*Église des Cordeliers*, del siglo xiii), que se
encuentra muy cerca de la catedral, y el **Ayuntamiento**
(*Hôtel de Ville*), un palacete del siglo xvi con una preciosa
escalera doble. También cuenta con algunos museos
interesantes. Destacaremos el **Museo Jean Tinguely,**
que expone las peculiares y divertidas esculturas de este
artista suizo, y el **de Niki de Saint Phalle**.

Si viajamos con niños, es imprescindible dedicar un
tiempo al **Museo Suizo de las Marionetas** (*Musée
Suisse de la Marionnette*), donde contemplar títeres,
máscaras y juegos de sombras de diversas procedencias
y antigüedad.

Circuito Dorado

Desde Lucerna se aprecia, a poca distancia, el monte Pilatus, con una altura de 2.132 m. Su nombre hace referencia a Poncio Pilato, gobernador romano que dejó condenar a Jesucristo según la Biblia, y remite a leyendas y mitos. Una de ellas sitúa al controvertido personaje enterrado en uno de los lagos; simbolizaba el mal, por lo que estaba prohibido subir a la montaña. Pero el desarrollo, la afición a la escalada y la construcción de vías férreas que hicieron accesible la cumbre relegaron esta y otras leyendas.

P ara subir al Pilatus desde Lucerna es posible tomar uno de los dos teleféricos, pero existe un circuito que se llama *Goldene Rundfahrt* (Circuito Dorado), que se suspende durante el invierno por razones climatológicas. Este viaje comienza con un tramo en barco desde Lucerna camino de Alpnachstad, donde se toma el funicular más empinado del mundo, con un 48% de inclinación.

El viaje es emocionante: lagos, vegetación espesa, verticales rocosas, riachuelos y un panorama siempre fantástico. Una vez arriba, el viajero tiene a la vista nada menos que 73 cumbres alpinas, si el día es claro.

En la cima del Pilatus existen recursos gastronómicos y hoteleros excelentes y a todas las medidas para tomar un refrigerio después del paseo por la cumbre. Los más aficionados a la montaña que deseen prolongar la estancia, podrán alojarse en alguno de los hoteles para escuchar el silencio de las noches alpinas y explotar sus posibilidades deportivas. Pero como las plazas, lógicamente, son limitadas, deberemos reservar con tiempo el hospedaje.

La bajada por Kriens (o la llegada a esta población desde Lucerna, en tren o en coche) ofrece nuevas posibilidades a las familias con niños: los parques de **Fräkmüntegg** y **Krienseregg** son un paraíso de actividades, juegos y diversión para todas las edades. Algunas de las secciones más famosas son el **Parque de las Tirolinas** y, en invierno, la **Pista de Trineos de Fräkmüntegg**, con seis kilómetros de descenso suave. Abren los fines de semana y algunos días más, sobre todo en verano. Pero siempre es aconsejable consultar estas circunstancias del **Seil-Park**.

El monte Pilatus es también accesible en automóvil y, naturalmente, a pie. El excursionista puede optar por diversos caminos, de todas las dificultades posibles, después de obtener una buena información y mapas en las oficinas de turismo locales.

6

▲ Funicular del monte Pilatus.

Info

**Oficina de Turismo de Lucerna
Patronato de Turismo**
✉ Zentralstrasse 5
☎ 41 227 17 17
🌐 www.luzern.com

**Pilatus-Ferrocarriles y Pilatus
Seilpark**
✉ Schlossweg 1
　 Kriens / Luzern
☎ 41 329 11 11
🌐 www.pilatus-seilpark.ch

Hotel Bellevue* (M)**
Especializado en grupos

Hotel Pilatus-Kulm* (C)**
Para estancias individuales
Reservas: Pilatus-Bahnen AG

Hoteles Bellevue y Pilatus-Kulm
✉ Schlossweg 1. Luzern
☎ 41 41 329 12
🌐 www.pilatus.ch

Lago Lemán

7

El lago Lemán es el más grande de Europa occidental, con una longitud de más de 70 km y una anchura media de 12 km. Su nombre proviene del celta *Lem An*, que significaba "agua grande".

En su extremo occidental está situada la ciudad de Ginebra, por lo que también es conocido como lago de Ginebra. Tiene una forma, pues, alargada, ligeramente curvada con los dos extremos más al sur que el centro. Por el extremo este se nutre de las aguas del río Ródano, que descarga por el extremo oeste en dirección a su desembocadura en el mar Mediterráneo, en el golfo de León. Hace frontera entre Suiza y Francia. A pesar de que se encuentra rodeado de montañas, su gran volumen de agua –es muy profundo– suaviza el clima de su entorno tanto en invierno como en verano, igual que un pequeño mar, por lo que es menos frío de lo que cabría esperar.

Casi toda la ribera suiza pertenece al cantón de Vaud, salvo el extremo izquierdo junto a Ginebra. Además de esta ciudad, en la orilla del Lemán están situadas varias otras notables, como **Lausanne** (capital del Cantón de Vaud) y **Montreux**, a las que se puede llegar en tren –la vía transcurre casi paralela al lago– desde otros puntos del país, así como por carretera. Sin embargo, el modo de disfrutar con plenitud el lago Lemán y sus encantos es, sin duda, aprovechar los cruceros y barcos que lo surcan de extremo a extremo –comenzando desde Ginebra, Lausanne o Montreux–, que son numerosos y ofertan diversos recorridos.

El panorama desde el lago es inigualable. Sobre el telón de fondo de las altas cordilleras –las montañas del Jura al norte y los Alpes al sureste–, el escenario natural presenta todos los matices de verde, salpicado con pequeñas aldeas de tejados agudos entre los que sobresale alguna torre medieval, apacibles granjas, mansiones señoriales y un rosario de poblaciones ribereñas que nos invitan a detenernos.

Una buena parte de esta travesía, entre Lausanne y Montreux, permite avistar los famosos **viñedos de Lavaux** –de los que se obtiene el excelente vino seco llamado *chasselas*–, distinguidos por la UNESCO como Patrimonio de la Humanidad. Las suaves colinas plantadas de viñas descienden hacia el lago como un gran tapiz.

El lago de Lemán es transitado por muchos barcos, tanto deportivos como de pesca y comerciales. Las oficinas de turismo ponen a disposición del viajero la información precisa acerca de las innumerables posibilidades que ofrece la zona para el recreo, las visitas, el descanso o los deportes.

▼ Una multitud de embarcaciones surcan el lago.

Si contamos con tiempo, es aconsejable una excursión por etapas, usando unos transbordadores llamados "*mouettes*" que comunican los puntos de mayor interés turístico. Entre estos puntos, además de las ciudades citadas, sobresale el fantástico **castillo de Chillon**, que ocupa un islote rocoso. Su majestuosa figura ha enamorado a poetas y artistas de los últimos siglos.

La CGN (compañía naviera) asegura la comunicación entre casi 40 puntos en el lago Lemán, así que las alternativas son muchas, distintos precios –aunque nunca muy baratas– y de todas las duraciones imaginables. Esta empresa cuenta también con antiguos y románticos barcos de ruedas que realizan recorridos panorámicos. Existen también cruceros gastronómicos en los que se disfruta, además, de la degustación de productos de la zona, como el pescado del lago y los vinos.

En cualquiera de los casos, adentrarnos en el mágico lago Lemán y sus paisajes será una experiencia para recordar. Figuras célebres como el pintor Kokoschka y el cineasta Chaplin encontraron su paraíso personal en esta región. Y los que nos acercamos a ella podemos comprenderlo.

Info

Oficina de Turismo Lausanne
✉ Avenue de Rhodanie 2
☎ 21 613 73 73
🌐 www.lausanne-tourisme.ch

Oficina de Turismo de Canton de Vaud-Lausanne
☎ 21 613 26 26

Compagnie Générale de Navigation sur le Lac Léman (CGN)
☎ 84 881 18 48 - Lausanne
🌐 www.cgn.ch

▼ Ginebra, al pie del lago Lemán.

Monte San Giorgio

8

Llamado también "el monte de los saurios", es una montaña con forma piramidal, de 1.096 m de altura, situada junto al lago de Lugano, que la rodea con dos brazos de agua como una especie de península. Su valor geológico se conoce desde el XIX, pero ha sido en el XXI cuando la UNESCO lo ha declarado Patrimonio de la Humanidad.

Info

Mendrisio Borgo Información
✉ Via Stefano Franscini
☎ 91 641 30 50
🌐 www.mendrisiottoturismo.ch

Museo dei Fossili
✉ Via Bernardo Peyer 9. Meride
☎ 91 640 00 80
🕐 De 9 a 17 h. Lunes cerrado
🌐 www.museodeifossili.ch

No es para menos. Hace más de 200 millones de años, en el Triásico medio, esta zona estaba sumergida bajo el agua; su posterior desecación ha dejado, sobre la roca primigenia, una incontable multitud de fósiles que encantan al menos aficionado a la paleontología.

Para darse una idea de la importancia de este yacimiento, diremos que las excavaciones (que continúan) han revelado más de 10.000 ejemplares entre los que sobresalen 130 especies de reptiles y peces –alguno de los cuales pasan de los 6 m de longitud–, más de 100 invertebrados como insectos, caracoles y anélidos y multitud de microorganismos. Cualquier visitante puede realizar sus propios hallazgos a poco que escarbe en la superficie terrosa, sobre todo en la cara norte del monte.

Si el monte San Giorgio es un templo de fósiles, no menos valioso y espectacular es el paisaje que lo adorna. Se trata de una zona ideal para caminatas, con varias cumbres desde las que se contempla el **lago Ceresio**, **Lugano** y las pequeñas poblaciones cercanas. Se cuenta que en su cumbre vivió un ermitaño, San Manfredo, en el siglo XIII.

El acceso desde Lugano se realiza en coche, o bien en tren (opción aconsejable) tomando el que va en dirección a Chiasso, pero apeándose en **Mendrisio**. Por cierto, esta es una población que merece un paseo para conocer sus amplias casas y edificios antiguos, además de algunas iglesias notables. Recibe, por ello, bastantes visitantes llamados por su entorno natural, la relativa suavidad de su clima y sus fiestas. Desde la misma estación de Mendrisio sale el camino que deberemos tomar, debidamente señalizado (aunque se puede solicitar un mapa de la zona en la Oficina de Turismo).

Caminando una hora sin dificultades llegamos a la comuna de **Meride**, un pueblo muy pintoresco que, además, aloja el **museo** donde se exponen parte de los fósiles recogidos en el monte San Giorgio. El museo fue fundado en 1973 por estudiosos de la universidad de Zúrich y ofrece una significativa muestra de las investigaciones y excavaciones realizadas allí desde 1850. Los fósiles expuestos, con tanto valor estético como científico, encantan a pequeños y mayores. La función del Museo de Meride es eminentemente didáctica, y también lo es el recorrido hasta la cima del monte San Giorgio.

Desde esta población continúa el camino, que pasa junto al cementerio y está perfectamente indicado –y, en parte, adoquinado desde la Primera Guerra Mundial– en dirección a la comuna de **Cassina**. De allí asciende suavemente hasta la cima del San Giorgio, donde nos espera una amplia explanada que ofrece unas vistas magníficas de todo el entorno boscoso y el sinuoso lago de Lugano.

El recorrido es de pendiente suave –accesible a cualquier paseante– y no ocupa más de tres horas a paso normal. Los más avezados senderistas pueden regresar por alguna de las cumbres cercanas a las poblaciones antes citadas para descansar al atardecer.

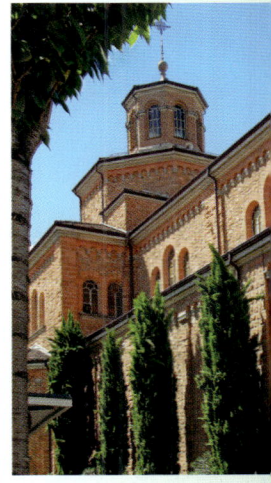

▲ Iglesia de Lugano.

◄ Aldea de Morcote, junto al lago de Lugano.

Parque Nacional Suizo

9

Situado en el cantón nororiental de Los Grisones –concretamente en la región de la Baja Engadina–, se fundó en 1914 y es, con razón, un motivo de orgullo para los suizos. Es el primer parque alpino y también primero en la Europa central. Por su límite sur, frontera con Italia, continúa la zona de reserva con el Parque de Stelvio, ya en territorio italiano.

Info

Centro del Parque Nacional Suizo

✉ Nationalparkzentrum Zernez

☎ 81 851 41 11

🌐 www.nationalpark.ch

▲ Refugio de madera en la región de Engadina.

Comprende más de 170 km² de naturaleza en estado puro, protegida durante casi cien años de la intervención humana y preservadas sus áreas de cualquier contaminación o deterioro. No obstante, aspira a expandirse en el futuro.

Cuenta con más de 80 km de senderos para excursionistas, organizados en más de 21 posibles recorridos con diferentes grados de dificultad. Una sola carretera asfaltada para vehículos lo cruza, y presenta lugares específicamente indicados para estacionar. Como es lógico, está prohibido desviarse de las rutas marcadas, tanto de la carretera como de los caminos. Es el mejor modo de lograr que los visitantes no alteren el medio natural ni los hábitats en los que los animales de la zona viven en total libertad.

Esta limitación no impide disfrutar de todos los paisajes del parque: extensas praderas (un 20% de su superficie), bosques vírgenes de altura (casi el 30% del total), zonas rocosas (la mitad del área), además de cristalinas corrientes fluviales, y todo ello rodeado de las altas cumbres alpinas, tan impresionantes.

Por su parte, los animales están acostumbrados a la presencia humana no agresiva, así que es fácil contemplar –sin romper las normas del Parque– algunas especies en puro estado salvaje: ciervos, gamuzas, corzos, marmotas, liebres de nieve, pequeños reptiles y una multitud de aves, entre las que destacaremos el majestuoso buitre barbudo. En los últimos años se ha observado algún ejemplar de oso, y se confía en la futura implantación de este emblemático animal, extinguido hasta ahora en la zona desde primeros del siglo xx, debido a la caza.

Aunque se puede acceder en automóvil, también es posible llegar a la puerta del parque (la localidad de Zernez) en tren o autobús, opción mucho más ecológica y cómoda. En Zernez se encuentra la Oficina de Información del parque, donde podemos obtener toda clase de planos, indicaciones y consejos para realizar una ruta a nuestra medida. También es posible recabar datos sobre alojamientos en el entorno –de todos los

▲ Parque Nacional Suizo.

precios posibles–, así como solicitar guía para que nos acompañe en nuestro recorrido. En el año 2008 se abrió el actual complejo turístico del Parque Nacional, en Zernez, que ahora cuenta con el castillo de Planta-Wildenberg (una antigua edificación recuperada para los servicios administrativos y un auditorio que se usa para proyecciones y conferencias) y el Centro de Visitantes (de moderna construcción), donde se aloja el Centro de Información y las exposiciones estables e itinerantes. Este Museo de Caza y Naturaleza exhibe más de doscientos animales disecados y una buena muestra de antiguos utensilios agrícolas y de caza de la zona.

Los objetivos del parque son la conservación y disfrute de la naturaleza alpina, pero también la investigación y la educación ambiental; los niños –en familia o en grupos de escolares– se consideran clientes preferentes y a ellos está especialmente dedicado el llamado "sendero didáctico". Está perfectamente señalizado y presenta paneles informativos que ilustran y aconsejan las observaciones más oportunas en cada punto del recorrido. La ayuda de folletos, planos e incluso medios de audio se puede solicitar en la Oficina del parque.

Recibe alrededor de ciento cincuenta mil visitantes al año, lo que da una idea cabal de su importancia y atractivo para todos los amantes de la naturaleza.

Paseo por Berna

Para obtener primero una visión de conjunto del centro histórico de la ciudad es muy recomendable comenzar por subir al Rosengarden (Jardín de las Rosas), situado en la alta ribera al otro lado del Aare. El paseo es largo y en cuesta, así que podemos tomar el autobús nº 10, que nos dejará a las mismas puertas. El jardín es bellísimo, un oasis de paz y silencio. Desde su mirador, mucho más alto que la ciudad, se distingue claramente el casco antiguo, uniforme en sus construcciones y con las torres emblemáticas marcando el perfil, rodeado todo ello por el meandro del Aare, casi 100 m más bajo que la ciudad. (Ver también ▶63).

Info

🏢 Oficina de Turismo-Berna
✉️ Bahnhofplatz 10
📞 31 328 12 12
🌐 www.bern.com

L a bajada es sencilla, cómoda y agradable, acercándonos al puente **Nydegg** (*Nydeggbrücke*). Antes de cruzar el puente, a nuestra izquierda encontraremos el popular **Foso de los Osos** (*Baerengraben*), situado en una ladera que desciende hasta el río. Siempre hay personas –niños, sobre todo– contemplando cómo deambulan, comen o se bañan los osos.

Al cruzar el puente Nydegg, estamos entrando en la ciudad antigua por la calle del mismo nombre, y veremos que comienzan las casas con arcadas y sotanillos tan típicos de Berna. Tomaremos la segunda calle a la derecha, llamada **Postgasse**, que pronto cambia el nombre por **Rathaugasse**. En ella encontraremos al paso el **Rathause** (Ayuntamiento). Las esculturas de dos mujeres casi idénticas presiden la escalera central de este bonito edificio gótico; una de ellas lleva la cara descubierta y representa la sinceridad, la honradez; la otra cubre el rostro con una máscara para simbolizar la hipocresía. A un lado de este edificio se alza una pequeña capilla, **St. Peter und Paul**, del siglo XIX.

Si retomamos la calle paralela –la Kramgasse, más ancha, con espléndidas casas porticadas de los siglos XVI y XVII–, seguimos caminando bajo los soportales abovedados. En el nº 49 está la modestísima vivienda que ocupó **Einstein** en Berna.

Al final de esta calle, ya muy cerca, se encuentra la atracción más concurrida de la ciudad: el **Zeitglockenturm** (Torre del Reloj). Este sorprendente reloj astronómico luce, al lado de la esfera, un divertido conjunto de figuras en movimiento –un gallo, un arlequín, un rey y una rueda de osos– que proporciona cada hora un simpático espectáculo muy concurrido. Hay que llegar cuatro minutos antes de la hora en punto, momento en que el gallo dorado canta por primera vez. Tras otros dos

▲ Detalle en una fuente.

▼ Foso de los Oso.

◀ Calle empedrada del centro de Berna.

▲ Vista de Berna.

avisos, comienzan las campanadas y los osos desfilan lentamente mientras el arlequín y el rey asienten con sus gestos. El complejo mecanismo, construido por un herrero en 1503, puede visitarse si se concierta la cita en la Oficina de Turismo previamente. Desde la torre se divisa toda la ciudad y el panorama natural circundante.

Al otro lado de la Torre del Reloj se abre un amplio espacio transversal, también muy concurrido: mercados, terrazas de cafeterías y los frecuentes tranvías animan el lugar. Pero nosotros tomaremos a la izquierda para llegar a la **Bundesplatz**, donde se alza la sede del Consejo y el Parlamento Federal –la **Bündeshauser**–, majestuoso edificio que data del siglo XIX. Del suelo de la amplia plaza surge un juego de chorros de agua en los que los niños alivian el calor en verano…

Regresaremos hacia la parte más antigua tomando a la izquierda de esta plaza una calle paralela a la Kramgasse, la **Herrengasse**. Uno de sus primeros edificios es el **Casino**, otra importante construcción decimonónica. Rápidamente desembocamos en la **Münsterplatz**, que tiene a la izquierda la **catedral** (*Münster*) y a la derecha una gran explanada ajardinada.

La catedral de Berna nos tomará un tiempo. Aunque toda ella es admirable, llama especialmente el tímpano del pórtico central, que representa el **Juicio Final**; policromado, combina el altorrelieve con pequeñas estatuas a escala que le confieren un extraño realismo. En total, son más de 200 figuras. Seguiremos el itinerario en los jardines adyacentes, que son una alta plataforma sobre el río Aare en una perspectiva nueva de Berna. Enfrente, la orilla opuesta es una espesa fronda de grandes árboles que oculta a medias el barrio residencial de mansiones donde se ubican algunos de los museos de la ciudad. Se comunica a esta por el **Puente Kirchenfelde**, con más de 40 m de altura. Debajo de él, en una especie de islote y sobre una presa que atraviesa el ancho río, se ubica el restaurante **Schwellenmätteli**, de visita muy recomendable.

Otro antiguo barrio se aprecia desde el mirador: el **Matte**. Se extiende junto al río y a su misma altura, a ambos lados del **Untertorbrucke,** con casas populares de mucho estilo. Fue barrio judío, barrio de prostitución y, posteriormente, el preferido por los artistas para fijar su residencia por su encanto y la privilegiada vista que disfruta. Un tranvía desciende hasta él, donde hoy día hay empresas y locales de copas.

Desandaremos el camino en dirección de nuevo a la Torre del Reloj. Hasta aquí llegaba la ciudad más antigua y se estableció su primera muralla y el foso. Seguiremos por la arteria principal de la segunda fase de la ciudad: la muy comercial y siempre concurrida **Marktgasse.** Bajo las arcadas, una interminable serie de tiendas, talleres de arte, confiterías… Veremos que las casas son también antiguas y un poco más altas, pero continúa el paseo abovedado bajo las arcadas, lo que confiere a Berna una armonía fascinadora. Estas calles ostentan algunas de las más bellas fuentes de Berna, que cuenta con más de 20. Policromadas y perfectamente conservadas, representan diversos personajes legendarios o arquetipos de la zona. En la Heiliggeistkirche, justo antes de la **Bahnhofplatz** (Plaza de la Estación) finaliza el paseo.

▲ Fuente del Ogro.

◄ Escena callejera a los pies del Zeitglockenturm.

La
visita

Ciudad
encrucijada

Con puertas a tres países, Basilea convoca todos los intereses con sus museos, industrias y eventos, entre los que destaca la feria de arte contemporáneo más importante de Europa. La ciudad tiene arquitectura contemporánea puntera y, a la vez, disfruta de su tradicional Basler Fasnacht, carnaval que destaca como uno de los más famosos del país. Si viajamos a Basilea en verano, un baño en el Rin puede ser una experiencia deliciosa.

I Basilea *(Basel, Bâle)*

Capital del semi-cantón del mismo nombre, Basilea es la tercera ciudad de Suiza en lo que a población se refiere: cerca de 190.000 habitantes. Su situación geográfica es privilegiada: está ubicada en la misma frontera con dos países vecinos –Alemania y Francia–, lo que le imprime un carácter de ciudad encrucijada de idiomas y culturas, muy visitada.

El origen de Basilea se remonta a las tribus celtas establecidas en la zona; fue ocupada posteriormente por el imperio romano en el siglo I a.C.; de estas épocas subsisten restos arqueológicos muy interesantes.

Floreció especialmente en el siglo xv, cuando se desarrolló en ella una intensa actividad editora y se creó la primera universidad suiza en 1460, en la que han impartido clase celebridades como Erasmo de Rotterdam, Paracelso y Nietzsche. En la actualidad continúa siendo una referencia como ciudad universitaria y cultural; sus más de cuarenta museos atestiguan esta floreciente posición.

La industria y la investigación son también florecientes en esta ciudad que aúna la historia con la modernidad. Además, su posición estratégica y fronteriza la ha convertido en la ciudad de las exposiciones y congresos, a los que dedica muchas jornadas de su calendario anual. Es especialmente visitada su feria de arte *(Art Basel*, celebrada en primavera).

▲ Escultura en el Rathaus de Basilea.

◄ Vista de la ciudad, bañada por el Rin

▼ Luz de atardecer en Basilea.

▶ Casco antiguo de Basilea a orillas del Rin.

Entre sus récords, Basilea cuenta con el edificio habitable más alto del país, la **Basler Messeturm** (Torre de Ferias de Basilea, 105 m de altura); y su equipo de fútbol FC Basel, que ha ganado ocho títulos de liga seguidos.

La frontera histórica que constituyó el Rin la divide en dos sectores: la orilla derecha (*Klein Basel* o Pequeña Basilea) y la izquierda (*Gross Basel* o Gran Basilea). Como otras ciudades suizas de ribera, cuenta con magníficos puentes: seis, uno de los cuales *(Mittlere)* data nada menos que del siglo XIII. En su origen se construyó de madera, pero en el siglo XIX se reconstruyó en piedra para permitir el creciente tráfico.

En su casco histórico, muy cuidado, muchas de sus construcciones religiosas y civiles revelan un pasado próspero y culto. Aunque también nos sorprenderá por su arquitectura moderna y vanguardista, pues sus instituciones han apostado por el arte actual tanto como conservar su patrimonio histórico.

Sus carnavales son los más famosos del país, y se celebran al principio de la Cuaresma. La población se vuelca en las ruidosas despertadas *(Morgenstreich),* las carrozas de disfraces y las sátiras políticas y sociales que se popularizan en los locales festivos.

❙ LA CATEDRAL *(MÜNSTER)* **★★**
Situada en la Plaza del mismo nombre *(Münsterplatz),* es uno de los monumentos emblemáticos de Basilea. Se trata de un edificio comenzado en el siglo XI, aunque ampliado y restaurado en sucesivas épocas sin perder su estilo, mezcla de románico y gótico. Cuenta con dos torres no totalmente simétricas –que son sus elementos

● ● ● ● ● ● ● ●
✉ Münsterplatz 3
☎ 61 272 91 57
🖰 www.baslermuenster.ch
🕐 De 10 a 17 h a diario, sábados hasta las 16 h, y domingos de 11.30 a 17 h. En invierno, de lun a sáb de 11 a 16 h; dom de 11.30 a 16 h
💰 gratuita

más antiguos– y un peculiar color rojizo. En su interior está enterrado Erasmo de Rotterdam. La vista desde las torres es espectacular; cuesta 6 CHF, pero merece la pena.

I PLAZA DEL MERCADO *(MARKTPLATZ)* ✷✷

Es un precioso conjunto arquitectónico de categoría histórica, con edificios de distintos colores y dos lugares concretos de especial interés: el propio mercado (en el que encontraremos tiendas de decoración modernista, bares y pastelerías) y el **Ayuntamiento** (Rathaus), una notable construcción de color rojizo, del siglo XVI con una espectacular torre añadida en el siglo XX. En su frontis, un reloj bellísimo llama la atención de los visitantes. Es posible visitar su interior inscribiéndose en la Oficina de Turismo.

Marktplatz
Oficina de Turismo
✉ Steinenberg 14
☎ 61 268 68 68
🕐 De 9.30 a 12 h y de 14 a
16.30 h; sábados de 9 a 17 h;
domingos de 10 a 15 h

I MUSEO HISTÓRICO
(HISTORISCHES MUSEUM) ✷

Ubicado en la iglesia de los Descalzos (*Barfüsserkirche*), que data del siglo XIII, recoge una prolija muestra de objetos y documentos históricos de la ciudad desde sus orígenes hasta hoy día. Organizadas en diferentes ámbitos (sótano, naves, coro, sacristía y capillas) exhibe colecciones de tapices, numismáticas, de imaginería y pintura de todas las épocas vinculadas a Basilea.

✉ Barfüserplatz 7
☎ 61 205 86 00
🖥 www.hmb.ch
🕐 De 10 a 17 h, cierra lunes
🎫 15 CHF

I MUSEO DE BELLAS ARTES
(KUNSTMUSEUM) ✷✷

Esta pinacoteca atesora una impresionante colección y destaca la amplitud de épocas que recoge en sus fondos. En 2016 se inauguró una ampliación en un edificio crea-

Por Basilea

▲ Reloj del Ayuntamiento.

▌ Este es un recorrido por lo esencial de Basilea, situado mayoritariamente en la margen izquierda del Rin. Podemos comenzar un paseo en el **puente Mittelere** sobre el río, admirando su antigua construcción (siglo XIII) que incluye una capilla añadida en el siglo XV. Este punto ofrece una panorámica de ambos lados del río con sus peculiaridades.

Nos adentraremos en la Gran Basilea, camino de la **Plaza del Mercado**, por la Eisen-gasse. Esta plaza requiere una parada para admirar sus coloridos edificios, entre los que destaca el **Ayuntamiento.**

▌ Desde este punto merece la pena acercarse a la Petersplatz, donde se ubican la **Universidad de Basilea** y la **iglesia de San Pedro** (siglo XIII), con un notable campanario.

A continuación se aconseja retroceder y callejear por la almendra antigua de callejuelas recoletas, en dirección a la Hüsserplatz; a pocos pasos, en la Steinenbergstrasse (donde estuvo situado el antiguo teatro), vale la pena admirar la **fuente Jean Tinguely**: escultura móvil de diez figuras muy famosa, rodeada de agua.

▌ Continuando hasta el final de la calle en dirección sur se llega a la Elisabethestrasse; si doblamos a la derecha encontraremos inmediatamente la iglesia de los Descalzos, donde se ubica el **Museo de Historia**.

Después retrocederemos en dirección contraria hasta el cruce con la Freiestrasse, una calle plagada de comercios y vida, que tomaremos de vuelta al casco histórico hasta la Müsterberg; tomándola hacia nuestra derecha, desembocaremos en la plaza de la catedral. Este es otro ámbito que nos permitirá descansar y visitar el monumento.

▌ Si deseamos tener una panorámica desde las alturas, conviene subir a una de las **torres de la catedral**, que está situada muy cerca del río y ofrece una perspectiva del conjunto de la ciudad muy interesante y completa.

▼ Estatua medieval en la fachada del Münster.

Para que nos sirva de descanso sin abandonar la visita, un paseo en barco por el río es una opción muy oportuna. En el muelle cercano encontraremos fácilmente algunas paradas e información de recorridos y precios, mucho más baratos si se cuenta con el *Swiss-Pass*. Si viajamos a Basilea en verano, un baño en el Rin puede ser una experiencia deliciosa. En el margen del río (St. Alban-Graben, 195) hay un balneario modernista que nos servirá de base.

do por el estudio de Christ & Gantenbein. En este nuevo bloque se exhiben las obras de arte contemporáneas. Son muy destacables las muestras de pintura de los siglos XVI y XVII (Cranack el Viejo, Holbein…) y del siglo XX europeo y sus vanguardias (Van Gogh, Degas, Monet, Braque, Picasso…). Imprescindible para los amantes del arte.

I MUSEO JEAN TINGUELY ⭐⭐

Situado a la orilla del Rin, recoge en exposición permanente la interesantísima obra de este escultor suizo (nacido en 1925 y fallecido en 1991) y de algunos compañeros de la misma generación. Son famosas sus esculturas en metal accionadas por motor y otras ingeniosas creaciones, además de las invenciones elaboradas con chatarra. Su vanguardismo interesará tanto a mayores como a niños.

I PARQUE ZOOLÓGICO *(ZOO BASEL)* ⭐⭐

Se encuentra en el centro de la ciudad, con muy fácil acceso. Es un jardín espléndido con muestras de la fauna universal, en ocasiones organizada por áreas temáticas. Para dar una idea de su riqueza, en la zona dedicada al mundo marino (*Vivarium*) encontraremos más de 400 especies. Se trata de una visita que los niños de la casa agradecerán especialmente.

I CIUDAD ROMANA AUGUSTA RAURICA (▶33)

Kunstmuseum
✉ St. Alban-Graben 16
☎ 61 206 62 62
🔗 https://kunstmuseumbasel.ch
🕐 De 10 a 18 h, miércoles hasta las 20 h, cierra lunes
💰 Hasta 10 CHF

✉ Paul-Sacher Anlage 2
☎ 61 681 93 20
🔗 www.tinguely.ch
🕐 De 11 a 18 h, jueves hasta las 21 h, cierra lunes
💰 18 CHF

✉ Binningerstrasse 40
☎ 61 295 35 35
🔗 www.zoobasel.ch
🕐 De 8 a 18.30 h (a 17.30 h en invierno)
💰 22 CHF para adultos y 10/16 CHF para niños/adolescentes

▲ Patio del Rathaus.

GASTRONOMÍA

La cultura gastronómica de Suiza es eminentemente ecléctica, influida por los países limítrofes. En la zona francófona encontraremos una cocina de reminiscencias francesas; en el norte, las costumbres culinarias se parecen a las alemanas; en el sur, a las italianas. No obstante, Suiza aporta a estas influencias un modo propio de elaborar sus platos más típicos.

▲ Delicias suizas: Râclette y chocolates.

❙ Vinos suizos

No son muy conocidos, pero en Suiza se elaboran vinos de notable calidad, ya que posee algunas zonas de excelente producción vinícola: los cantones de Valais, Vaud, Neuchâtel, Ticino… Como los quesos, son controlados por comisiones de denominación de origen para asegurar su excelencia. Estos son algunos de los más famosos: *Muscat, Ermitage, Pinot, Fendant, Perlan…*

También se elaboran licores (como la *grappa* o los brandies), cervezas y sidra de manzana.

▼ Vino rosado.

Los elementos básicos de la cocina tradicional suiza son los derivados de su ganadería, también los de la caza –en otoño, jabalí, corzo…–, sin olvidar el pescado de agua dulce. Encontraremos excelente carne de vaca y cerdo. Debido a esta riqueza ganadera, se elaboran numerosos y excelentes productos lácteos: mantequilla, nata y sus famosísimos quesos. A todo esto hay que añadir las patatas y la col, presentes en muchos guisos y guarniciones. Estas son algunas de las recetas que se aconseja saborear:

Fondue de queso: es la aportación más famosa de la cocina suiza. Una mezcla de queso emmental y vino blanco del país se cuece en un potecito y se mantiene caliente en la mesa con una llama. Los comensales untan en la mezcla fundida (de ahí su nombre) pequeñas tostadas de pan. Existe una versión en la que se usa carne cruda cortada en taquitos, que se fríen en la *fondue* hirviente.

Berner Platte: se trata de un nutritivo cocido compuesto de diversas carnes (buey, cerdo, salchichones…) con patatas. Se sirve acompañado de la col picada finamente y fermentada, elaboración que se llama *choucrute* o *saverkraut* (en francés y alemán, respectivamente). Es típico de Berna, pero puede encontrarse en otros lugares.

Râclette: aunque proviene del cantón de Valais, aparece en las cartas de los restaurantes de todo el país. Es un plato en el que se une el queso fundido con patatas cocidas, cebollitas y otros añadidos sabrosos.

Rösti: es una guarnición muy popular y sabrosa que acompaña a la carne, al hígado o los huevos fritos. Se elabora con patatas cocidas, y luego ralladas y fritas en mantequilla.

Salchichas, salazones y embutidos: en todo el norte del país, y especialmente en el cantón de los Grisones, se elaboran estupendas salchichas *(wurst),* cecinas y salchichones.

Risotto: en el Ticino hallaremos una serie de platos de origen lombardo muy reconocible: arroces con *ossobuco*, con queso fundido, etc.

Postres

Capítulo aparte merece la repostería suiza. Una vez más, los derivados lácteos –mantequilla, nata…– y su tradición chocolatera dan lugar a una amplia cultura culinaria en cuanto a dulces festivos, pasteles, bizcochos y una multitud de tartas con frutas. Las pastelerías suizas resultan un espectáculo para el visitante. Estos son algunos dulces típicos de distintos lugares:

Bimbenbrot: se elabora sobre todo en Los Grisones. Es un pan dulce que contiene frutas confitadas y frutos secos.

Kirsch gâteau: es una tarta bañada con licor de cereza muy popular en el cantón de Zug.

Leckerli: propios de Basilea, son unos pastelillos confeccionados con almendra y miel, aromatizados con canela.

Chocolates

Es sabido que el chocolate llegó a Europa tras la colonización española de América. En el siglo XV llega a España, Italia y Francia, convirtiéndose en una golosina muy apreciada. Introducido en Suiza por cocineros italianos, en los siglos siguientes ha terminado por ser una seña nacional de identidad gracias a las sabrosísimas realizaciones de la repostería chocolatera suiza.

Fue en el siglo XIX cuando dos confiteros suizos –Daniel Peter y, poco después, Henry Nestlé– combinaron por primera vez el chocolate con la leche condensada y azucarada, dando lugar al producto que conocemos y consumimos hoy y que tanta fama ha dado a los chocolates suizos. De hecho, conocemos algunas clases de chocolate por el nombre de sus fabricantes suizos: Nestlé, Tobler, Suchard, Lindz…

La confección y consumo de figuras y pasteles de chocolate están asociados en Suiza a las principales fiestas anuales, sobre todo a la Pascua (con figuras de conejos y huevos de chocolate) y la Navidad pero también a otras, como en la fiesta de La Escalada (Berna), noche en la que se reparte chocolate a la taza en las calles.

Además, los escaparates confiteros reflejan la época del año con distintas presentaciones: castañas en invierno, flores en primavera, setas en otoño… También las distintas ciudades elaboran sus emblemas en chocolate; es el caso de los osos de Berna o las figuritas que representan al Bööge de Zürich, que simboliza al espíritu del invierno.

En todos los casos, la calidad está garantizada. Suiza protege la denominación de origen de sus chocolates, que tanto aprecia y son emblemáticos, además de constituir una próspera fuente de ingresos.

Las confiterías que proliferan en todas las ciudades presentan productos chocolateros en todas las formas y matices imaginables.

▲ Distintos tipos de queso.

Quesos suizos

Elaborados siguiendo las tradiciones de antaño, ahora perfeccionadas tecnológicamente, los quesos suizos son justamente apreciados, y un elemento siempre presente en su cocina tradicional.

Su calidad es garantizada por controles de denominación de origen, y se preparan en condiciones que aseguran su sabor más auténtico y exquisito. Aunque existen más de cuatrocientas clases de quesos, citaremos los más famosos: Emmental, Gruyère, Appenzeller, Tête de Moine, Raclette…

▼ La *bratwurst* es la salchicha típica suiza.

Capital
del país

El casco histórico de Berna, ciudad declarada Patrimonio de la Humanidad, presenta más de 6 km de arcadas en las que antiguamente se establecían los comerciantes protegidos de las inclemencias del tiempo. Esta peculiar arquitectura urbana, sus preciosas once fuentes históricas, el famoso reloj astronómico y su entorno natural la convierten en uno de los destinos turísticos preferidos de Suiza.

❚ Berna *(Bern, Berne)*

Esta ciudad, capital del cantón del mismo nombre y también del país desde 1848, cuenta en la actualidad con 146.000 habitantes (casi 300.000, si se incluyen los barrios más modernos que la rodean) de habla alemana en su mayoría y de religión protestante predominante. Su nombre procede de la palabra alemana *bär* (oso) y de una anécdota histórica: durante una cacería organizada para nombrar la ciudad, ese fue el primer animal que abatió Berthold V de Zäehringen, su fundador en 1191. El oso es el emblema de Berna y figura en su escudo. Ver también un paseo por Berna, en Los Imprescindibles (▶49).

La Berna histórica ocupa una prominencia rodeada por un meandro del río Aare, como si fuera una península; en este lugar tan privilegiado se construyó como una fortaleza. Tuvo que defenderse de sucesivos ataques exteriores: en 1339 contra los borgoñeses, más tarde contra los deseos de expansión de los Habsburgo (en ambos conflictos recabó la ayuda de otros cantones suizos), y en 1798 fue tomada por Napoleón durante sus campañas.

Incendiada por completo en 1405, se reconstruyó totalmente y poco más adelante se consolidó como cantón, con una extensa área territorial de influencia. De los siglos xv y xvi conserva su casco histórico (*Nydegg*), la estructura urbana y una profusión de arquitectura religiosa y civil interesantísima, declarada por la UNESCO Patrimonio de la Humanidad. Pocas ciudades europeas le son comparables en este sentido; el ambiente medieval, los paseos bajo arcadas, las fuentes y los miradores sobre el río ofrecen al visitante cientos de puntos en los que detenerse a disfrutar de la hermosa vista. Al fondo, los Alpes adornan el horizonte.

En el siglo xx se extiende su cinturón con nuevos barrios al otro lado del río y zonas industriales –dedicadas principalmente a la industria textil y alimentaria (tradicionales), además de la industria farmacéutica y electrónica. Desde su nombramiento como capital, residen en ella el Parlamento Federal y otras instituciones estatales.

LO QUE HAY QUE VER

❚ LA CATEDRAL *(MÜNSTER)* ★★★

Esta espléndida catedral, cuya construcción comenzó en 1421 auspiciada por la Iglesia católica, presenta un riquísimo gótico tardío y se considera uno de los templos más importantes de toda Suiza. En 1528 la ciudad

▲ Fuente del Ogro devorador de niños.

◀ Vista de Berna.

Münster
🕐 69, C3
✉ Münsterplatz 1
☎ 31 312 04 62
🌐 www.bernermuenster.ch
🕐 En verano, de 10 a 17 h, dom de 11.30 a 17 h. En invierno, de lun a vier de 12 a 16 h, sáb de 10 a 17 h, dom de 11.30 a 16 h
Visitas guiadas concertadas en la Oficina de Turismo de Berna

▲ Reloj astronómico.

▼ Lago Thun, en Berna.

se adscribió a la iglesia reformada, pero la construcción de la catedral continuó, dada la magnitud de la obra.

El edificio cuenta con tres naves. En él destaca una sola torre, pero muy alta, de 100 m de altura: el campanario más alto de Suiza. Es posible acceder a ella para disfrutar de la vista de la ciudad; el coste es de 5 CHF.

Otro elemento que asombra al visitante es su pórtico policromado, que representa *El juicio final* con más de 200 figuras en altorrelieve: toda una obra maestra, verdaderamente única, de la imaginería. Data de 1475 y fue conservada por los constructores protestantes que, como se sabe, no son partidarios de la imaginería religiosa. También son notables sus vidrieras interiores y la magnífica sillería del coro, ya de estilo renacentista. En la hermosa plaza de la Catedral pueden verse varios bellísimos edificios y la fuente que fue dedicada a Moisés en 1791.

▌ TORRE DEL RELOJ *(ZYTGLOGGETURM)*   ★★★
Esta imponente torre, que se construyó de 1119 a 1256, se alza en lo que era el límite de la primera muralla defensiva que tuvo la ciudad. Hoy constituye un punto de

interés por el que pasa todo visitante. En su día cumplió una función muy relevante, pues informaba de la hora a la ciudad, y también presentaba las medidas oficiales.

El reloj astronómico data de 1530 y fue construido, durante tres largos años, por un herrero. Es un artilugio mecánico bellísimo, que puede admirarse en su complejidad si se concierta en la Oficina de Turismo una visita a la torre. Merece la pena, además, porque la panorámica de Berna desde ella es fantástica.

Junto a la torre se congregan los curiosos para contemplar el espectáculo del cambio de hora, que comienza cuatro minutos antes de cada toque, en la siguiente secuencia: primero, el canto del gallo dorado lo anuncia; tras el tercer canto del gallo, un arlequín tañe unas campanas y comienzan a aparecer las figuras del vistoso carrusel de ositos laboriosos cuando llega la hora exacta. El reyezuelo que preside las figuras asiente con su cetro. Al terminar el desfile, se escucha el yunque que da las campanadas; otro canto del gallo cierra la demostración. ¡Imprescindible, desde dentro y desde afuera!

Zytgloggeturm
🕐 69, C3
✉ Bim Zytglogge 1
☎ 31 328 12 12
🌐 www.bern.com

**Oficina de Turismo
Estación Central de Berna**
🕐 68, B2
✉ Bahnhofplatz 10a
☎ 31 328 12 12
🕐 De lunes a viernes de 9 a 18 h, sábados y domingos hasta las 17 h

▲ Palacio Federal que aloja el Parlamento.

- 68, C2
- Bundesplatz 3
- www.parlament.ch
- Desde las 11.30 h en adelante
- Visitas guiadas gratuitas previo aviso

- 68, B2
- Hodlerstrasse 8
- 31 328 09 44
- www.kunstmuseumbern.ch
- De 10 a 17 h, martes hasta las 20 h, cierra lunes
- Entre 12 y 24 CHF, y 32 CHF con entrada combinada al Zentrum Paul Klee

❚ PARLAMENTO FEDERAL *(BUNDESHAUS)* ✴

Situado ante una espaciosa explanada adornada con espectáculos de agua, este palacio, que aloja al Gobierno Federal y su Parlamento, se construyó en tres fases: el ala oeste, en 1852 y el ala este (simétrica respecto a la anterior) en 1884; posteriormente, en 1902, se añadió el cuerpo central. No obstante, el conjunto es muy armónico. Su estilo es neorrenacentista. Su interior –que puede visitarse– está decorado por artistas suizos y expone fundamentalmente cuadros de contenido histórico.

La plaza está rodeada de imponentes edificios que hoy día son grandes bancos. En la explanada central, surgen periódicamente juguetones chorros de agua que hacen la delicia de los niños.

❚ MUSEO DE BELLAS ARTES *(KUNSTMUSEUM)* ✴✴

Este es uno de los museos mejor dotados de Suiza, con unos fondos pictóricos y escultóricos que cubren ocho siglos de arte: de Fra Angelico (siglo XIII) hasta Pollock, pasando por las vanguardias del siglo XX de todos los países europeos –entre los que encontraremos a Picasso y las corrientes francesas de su época– y la más vibrante modernidad, incidiendo especialmente en los autores suizos. Su función de conservación y exhibición de arte se remonta al año 1809. Son dignas de considerar sus exposiciones temporales.

I CENTRO PAUL KLEE
(ZENTRUM PAUL KLEE) ★★★

Esta espectacular construcción moderna, realizada por el arquitecto Renzo Piano, aloja desde el año 2005 casi la mitad de la obra del famoso pintor suizo Paul Klee: cuatro mil creaciones. También se exponen colecciones itinerantes.

    El propio edificio es una obra de arte. Está situado sobre una de las colinas que rodean la ciudad, y consta de tres cuerpos ondulados que se internan en el campo de trigo circundante, en una perfecta comunión con la naturaleza. Es, además de pinacoteca, un centro de investigación y dinamización cultural que encantará a mayores y niños con sus programas y talleres pedagógicos, conciertos y ambiente de paseo tranquilo.

- f.p.
- Monument im Fruchtlaud 3
- 31 359 01 01
- www.zpk.org
- De 10 a 17 h, cierra lunes
- Entre 7 CHF (niños) y 20 CHF (adultos)

I CASA DE ALBERT EINSTEIN
(EINSTEIN HAUS) ★★

El físico alemán, que se nacionalizó suizo, residió en esta modesta vivienda situada en el casco viejo bernés que la Sociedad A. Einstein conserva recreando el ambiente de la época. Se exponen documentos y fotografías de su estancia en Suiza y su primer matrimonio.

    Durante esta época (1902-1905) ya dedicaba todo sus esfuerzos a la investigación y publicó los primeros trabajos sobre su «teoría de la relatividad», que revolucionó el mundo científico y los conceptos básicos sobre el tiempo, el espacio y la energía. Los adolescentes estudiantes guardarán memoria de este rincón del casco

- 69, D3
- Kramgasse 49
- 31 312 00 91
- www.einstein-bern.ch
- De 10 a 17 h
- 7 CHF (adultos) y 4,5 CHF (estudiantes y seniors)

▼ Centro Paul Klee.

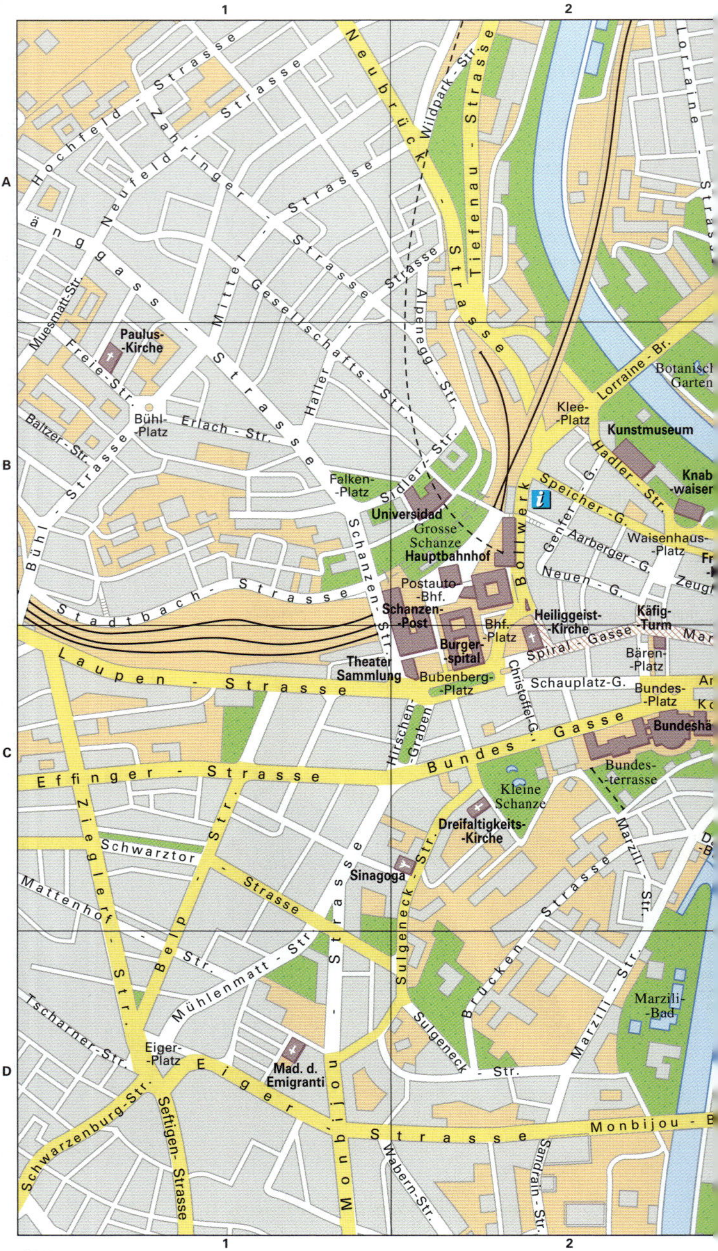

1 .... **2**

A

Hochfeld - Strasse
Zähringer - Strasse
Neufeld - Strasse
Mitte - Gesellschafts - Str.
Neubrück - Strasse
Wildpark - Strasse
Tiefenau - Strasse
Lorraine

B

Muesmatt-Str.
Freie-Str.
Paulus-Kirche
Bühl-Platz
Baltzer-Strasse
Erlach - Str.
Haller - Str.
Sidler - Str.
Alpenegg - Str.
Bühl - Strasse
Falken-Platz
Schanzen - Strasse
Universidad
Grosse Schanze
Hauptbahnhof
Bollwerk
Lorraine
Klee-Platz
Kunstmuseum
Hadler - Str.
Speicher- G.
Knab-waiser
Genfer - G.
Aarberger- G.
Waisenhaus-Platz
Fr
Neuen - G.
Zeug
Botanisch Garten

B

Stadtbach-strasse
Postauto-Bhf.
Schanzen-Post
Laupen - Strasse
Burger-spital
Theater Sammlung
Bubenberg-Platz
Bhf.-Platz
Heiliggeist-Kirche
Spital- Gasse
Christoffel-G.
Schauplatz-G.
Käfig-Turm
Bären-Platz
Bundes-Platz
Mar
Ar
Ko
Bundesha

C

Effinger - Strasse
Ziegler - Str.
Schwarztor - Strasse
Belp - Str.
Mattenhof
Hirschen-Graben
Bundes - Gasse
Kleine Schanze
Dreifaltigkeits-Kirche
Sinagoga
Sulgeneck - Str.
Bundes-terrasse
Brücken - Strasse
Marzili - Str.
Marzili - Str.
Marzili-Bad
D-B

D

Tscharner-Str.
Schwarzenburg-Str.
Eiger-Platz
Eiger - Strasse
Mad. d. Emigranti
Mühlemmatt-Str.
Monbijou - Strasse
Sulgeneck - Str.
Sefltigen - Strasse
Wabern-Str.
Sandrain - Str.
Monbijou - Str.

1 .... **2**

histórico de la ciudad de Berna. Pero el complemento perfecto sería visitar, en el Museo Histórico, la sección dedicada a Einstein (▶pág. siguiente).

I MUSEO DE HISTORIA NATURAL
(NATURISTORISCHES MUSEUM) **

Aunque está situado fuera del casco histórico, se trata de una visita muy atractiva, adecuada para niños y adultos. Expone minerales variadísimos de los Alpes suizos, además de una extensa muestra zoológica. Son famosos sus dioramas descriptivos de la vida natural: los más grandes de Europa. Un famoso perro de la raza San Bernardo llamado Barry, muerto en 1814, es también muy popular.

- 69, D3
- Bernastrasse 15
- 31 350 71 11
- www.nmbe.ch
- Lunes de 14 a 17 h; de martes a viernes de 9 a 17 h, sábados y domingos de 10 a 17 h
- 12 CHF adultos con descuentos a 10 CHF; gratis para menores de 16 años

- 69, C3
- Helvetiaplatz 4
- 31 350 04 40
- www.alpinesmuseum.ch
- De 10 a 17 h, cierra lunes
- 18 CHF adultos; de 12 a 16 años, 6 CHF; menores de 12 años gratis

I MUSEO ALPINO (SWISS ALPINE MUSEUM) *

No sustituye la belleza de la realidad, pero da una idea cabal de los paisajes y riquezas alpinas. Maquetas, obras de arte y proyecciones muestran a los curiosos cómo son los Alpes –con sus impresionantes alturas, sus glaciares y su patrimonio natural–, y también las historias y tradiciones de sus habitantes desde la antigüedad hasta nuestros días. Puede ser una experiencia interesante a vivir antes de las excursiones a las montañas reales. No está en la almendra antigua de la ciudad, pero solo hay que cruzar el **puente Kirchnfeld** para acceder a él.

I MUSEO HISTÓRICO DE BERNA
(BERNISCHES HIKSTORICHES MUSEUM) **

Expone colecciones interesantes y variadas. Encontraremos una amplia muestra arqueológica y de todos los

▲ Puente Kirchnfeld.

tiempos posteriores: utensilios, iconos, tapices, armas, mobiliario decorativo… Además de entretener, ofrece un vistazo sobre la historia y la cultura suizas.

Una parte del Museo está dedicada a Einstein y sus descubrimientos en física, ilustrados con medios audiovisuales –películas, viajes virtuales…– que lo hacen asequible a todos.

I EL FOSO DE LOS OSOS *(BÄRENGRABEN)*   ★★

Desde el casco antiguo, se cruza el puente Nydegg y se accede rápidamente a uno de los lugares emblemáticos –literalmente– de Berna. La primera fosa para osos data nada menos que de 1513 y estaba situada en el centro de la ciudad.

Bernisches Hikstoriches Museum
- 🕐 69, C3
- ✉ Helvetiaplatz 5
- ☎ 31 350 77 11
- 💻 www.bhm.ch
- 🕐 De 10 a 17 h, cierra lunes
- 🎟 De 16 a 24 CHF (adultos) y de 8 a 12 CHF (niños de 6 a 16 años)

▲ Oso del Bärengraben, adoptado como símbolo de la ciudad.

El ejército bernés trajo un oso cautivo de una de sus campañas, y se creó un alojamiento especial para él. Hasta tal punto se convirtió en un símbolo de la ciudad que, en 1798, las tropas napoleónicas secuestran a los osos, como señal de dominación… Desde su origen, esta fosa de osos pardos ha sufrido muchos cambios de lugar, incluso ha habido tiempos sin osos… Hoy día el parque donde se sitúan las fosas es amplio, muy cuidado, hasta el punto de haber merecido nominación por parte de la UNESCO.

Los osos (los hay en número variable) están acostumbrados a los humanos y a que los alimenten. Allí mismo podemos comprar comida adecuada para ellos y ofrecérsela. La visita es gratuita y el parque está abierto todo el año a todas las horas. ¡Una experiencia memorable para los niños, y también para los mayores amantes de los animales!

Por Interlaken

▲ Cartel indicador.

Oficina de turismo
✉ Marktgasse 1/
   Postplatz
   Interlaken
☎ 33 826 53 00
🖥 www.interlaken.ch

Hotel Alp Lodge (★)
✉ Markgasse 59
☎ 33 822 47 48
🖥 www.alplodge.com

Hotel Blume (★★)
✉ Jungfraustrasse 30
☎ 822 71 31
🖥 www.hotel-blume.ch

❚ La pequeña ciudad de Interlaken, a una hora en tren desde Berna, es un enclave especial por la naturaleza que la circunda: los lagos de Brienz y Thun, grandes praderas verdes, y una corona de altísimas montañas como son el Mönch (4.099 m), el Eiger (3.970 m) y el mítico Jungfrau (4.158 m). Otras dos poblaciones igualmente representativas de la zona están prácticamente unidas a Interlaken: **Unterseen** y **Matten**.

Por el encanto de la ciudad y porque es punto de partida para algunas de las más demandadas excursiones en Suiza, cuenta con una infraestructura turística y de comunicaciones muy notable si tenemos en cuenta sus dimensiones: menos de 6.000 habitantes. Si hay tiempo para ello, Interlaken puede ser un lugar ideal para pasar algunos días, especialmente en viajes familiares.

❚ En la Edad Media (siglo XI) se estableció en Interlaken un convento de monjes agustinos, que se cerró con la Reforma. El centro urbano antiguo rodea la **Plaza del Mercado** con casas típicas de la zona (elementos en madera, tejados angulosos…) y su **iglesia** medieval que, aunque posteriormente reformada, conserva su estilo. También se conserva su **castillo** (del siglo XVIII) que en la actualidad es un edificio administrativo.

La alameda de **Höhewegasse** constituye un paseo delicioso; permite un vistazo sobre una serie de notables mansiones, entre las que destaca el **Casino Kursaal,** del siglo XIX, en funcionamiento hoy día.

▲ El pueblo de Unterseen, con su torre del reloj.

▮ Un paseo por el **barrio de Bönigen** es obligado para contemplar sus casas de madera, bellísimamente ornamentadas, algunas de las cuales se remontan al siglo XVI.

Paralela al centro urbano se extiende una vasta pradera (**Höhematte**), un espacio protegido desde el que se aprecia la corona de montañas circundante, en espectáculo inigualable.

▮ Desde Interlaken y en sus alrededores es posible realizar una innumerable cantidad de excursiones y actividades deportivas y de naturaleza, dependiendo de la época del año en que realicemos la visita.

Si queremos practicar los deportes de nieve invernales, aprovecharemos los más de 40 teleféricos y trenes que llegan a zonas de esquí, con más de 200 km de pistas balizadas, desde la ciudad.

▮ En verano, la naturaleza feraz de este amplio valle permite recorridos encantadores e impresionantes, muchos de ellos aptos para toda la familia. Uno de los viajes aconsejados es la excursión en barco por el **lago Thun,** ya que en sus orillan se levantan cuatro antiguos castillos de impresionante estampa y aldeas típicas. Un barco de ruedas (*Blüemlisalp*) realiza el romántico viaje.

En la Oficina de Turismo nos informarán de otros recorridos posibles, como los funiculares que ascienden a alguna de las alturas cercanas desde las que contemplar las majestuosas cumbres.

Ginebra
puerta de **Suiza**

Esta ciudad cosmopolita, llamada "la ciudad de la paz", cuna de la Cruz Roja y sede de importantes instituciones internacionales, tiene en sus grandes parques y el vasto lago Lemán algunos de sus mayores atractivos turísticos. Cultura, política y naturaleza, con los Alpes de fondo, convierten Ginebra en punto neurálgico de Europa y una visita inexcusable en cualquier viaje a Suiza.

I Ginebra
(Genf, Genève)

En el extremo sur-occidental del país se sitúa esta ciudad, la segunda del país (con más de 200.000 habitantes), junto al lago Lemán. El Ródano surge de este lago, y recibe el afluente Arve a las afueras de la ciudad.

Hoy día es una urbe cosmopolita, moderna, acceso al país –por cualquier medio de transporte– desde Italia, Francia o Alemania, y ubicación de una multitud de organizaciones internacionales, congresos y eventos de ámbito mundial.

Su origen se remonta a la Edad del Bronce, cuando se instalaron en esta privilegiada zona una serie de pequeños poblados palustres. Más tarde, en el año 58 a.C., fue conquistada para el Imperio romano por Julio César y convertida en plaza militar. Posteriormente pasó a manos de francos y borgoñones (siglo VI), y adquirió relevancia como sede episcopal y lugar de celebración de mercados. En el año 1536 Ginebra es una república adscrita a la Reforma, convertida en foro de discusión ideológica y teológica; llega a ser llamada "la Roma protestante".

En 1584 firma una alianza con los cantones de Zúrich y Berna para protegerse de las ambiciones territoriales de las grandes familias nobles; el duque de Saboya intenta su conquista en la noche del 11 de diciembre de 1602, escalando sus murallas. Es repelido por la población, y aún se conmemora esta victoria con la Fiesta de la Escalada.

▲ La ciudad tiene por símbolo a un león.

◀ Detalle del Ayuntamiento.

▼ Jet d'Eau, en el Lago de Ginebra.

▲ Iglesia ortodoxa rusa.

Los siglos XVII y XVIII son de abundancia y prosperidad. Ginebra recibe a protestantes perseguidos en otros cantones suizos y franceses a causa de las guerras de religión que asolan Europa. Florecen las artes y la industria tradicional.

También la Ilustración tiene en Ginebra un representante que hará historia, pues en ella nació Jean Jaques Rousseau. Se suma a la Confederación Helvética en 1815, después de la dominación napoleónica. Llamada "la ciudad de la paz", en ella se fundó la Cruz Roja Internacional, y aloja organismos de rango internacional como la Organización Mundial de la Salud (OMS), la sede de la ONU y de la Liga de las Naciones, el Centro Europeo de Investigación Nuclear, etc.

Su carácter fluvial es omnipresente. Cinco puentes sobre el Ródano comunican ambas orillas. El lago Lemán –el más extenso de los lagos alpinos– se integra en la ciudad y ostenta una de sus más conocidas señales de identidad: el chorro de agua llamado Jet d'Eau, que alcanza los 140 m de altura y funciona desde el año 1891. Rodeando la rada, un cinturón de jardines y paseos sugieren al visitante un descanso apacible contemplando el lago y los perfiles de la ciudad, o la caminata más relajante. En el horizonte podremos ver, en los días claros, los perfiles alpinos –incluso el Mont-Blanc– y, al oeste, las estribaciones del Jura.

LO QUE HAY QUE VER

▎ CATEDRAL DE SAINT PIERRE ★★

Comenzó su construcción en 1160 pero no se terminó hasta el siguiente siglo. No obstante, presenta un aspecto ecléctico –de gótico en adelante– debido a las reformas y los añadidos posteriores; entre estos, está un notable pórtico columnado de estilo neoclásico que data de finales del XIX, junto a una torre de estilo gótico más antigua.

Al adscribirse a la reforma protestante, se eliminaron los altares y las imágenes –que pueden verse en su mayoría en el Museo de Arte e Historia–, y las tres naves ofrecen un ámbito limpio, severo pero muy luminoso.

La torre norte del templo, a la que se accede por una escalera de 157 tramos, permite una vista inmejorable sobre la ciudad, el lago y la cubierta de la propia catedral.

A la derecha de la portada se encuentra el acceso –por una escalera– a las excavaciones arqueológicas, también muy interesantes en las que destacan los restos de lo que fue iglesia paleocristiana (siglo IV).

▎ AYUNTAMIENTO (HÔTEL DE VILLE) ★

Muy cerca de la Catedral se encuentra este bello edificio gótico con fachada barroca y una torre construida en el siglo XVI. Su claustro contiene bellas galerías y una rampa de acceso.

En el mismo ámbito se halla el que fue arsenal de armas (antes, mercado del trigo) de la ciudad desde el siglo XVII. Algunos cañones antiguos recuerdan su uso.

Catedral de Saint Pierre
- 🕐 79, D3
- ✉ Court de Saint Pierre
- ☎ 22 311 75 75
- 🌐 www.saintpierre-geneve.ch
- 🕐 De 9.30 a 18.30 h, sábados hasta las 16.30 h, domingos de 12 a 18.30 h. En invierno, de 10 a 17.30 h, domingos desde las 12 h
- 💶 Gratuita

Torre Norte
- 💶 7 CHF (adultos), 4-5 CHF (tarifa reducida), gratis para menores de 6 años

Excavaciones
- 🕐 De 14 a 17 h, cierra lunes
- 💶 Entrada combinada: torres y excavaciones, 12 CHF para adultos, 7-8 CHF tarifa reducida

▼ Estatua del profeta Jeremías, obra del escultor suizo Rodo, con la Catedral de Saint Pierre de fondo.

al Col de la Faucille
28 km

B.I.T.

C.I.C.R.

Av. Appia

**Musée de
la C.R.**

Route de Ferney

**Musée
Ariana**

Parc

**Palais des
Nations
(O.N.U.)**
de l'Ariana

Avenue

A

**Centre
Islámico**

Chemin du
Petit-Sácconnex

O.M.P.I.

Place
des Nations

de   la   Pai

**PETIT-
SACCONEX**

Chemin des Crêts

Giuseppe

U.I.T.

Avenue de

Av. J. Trembley

O.M.M.

A.E.I.E.

C.I.C.G.

Rue de Vermont

Rue du

Rue de Moillebeau

Avenue

Rue

B

**Parc de
Moillebeau**

Rue Pestalozzi

Rue des Fontaines-Saintes

al aeropuerto,
4 km

Rue Hoffmann

Rue du Grand-Pré

Rue de Vidollet

**Parc
Beaulieu**

Rue Montbrillant

Rue

Schaub

Rue

Rue de la Servette

**Parc des
Cropettes**

**Gare
de Cornavin**

Av. Soret

Avenue Wendt

Rue Liotard

Rue Liotard

Rue de la Prairie

Rue de Lyon

C

**Parc
Grisendorf**

Rue   de

R. Voltaire

**Place de
Cornavin** R. du Mon

**Place de
22 Cantons**

Av. d'Aire

Rue des Charmilles

**Musée
Voltaire**

Rue
du Temple

Rue

Rue de St-Jean

Quai des B

**Tour
de l'Île**

Rue de St-Jean

**Usine de pompage
de la Coulo[u]vrenière**

Rue   du   Stand

Place
Bel-Air

Rue

Rhône

Pont de
Sous-Terre

Boul.

D

LA JONCTION

Rue des Deux-Ponts

Boulevard de St-Georges

Place
du Cirque

Place
Neue

Pont de
St-Georges

Quai

Rue de Ste-Clotilde

Rue Gourgas

Av. de Ste-Clotilde

R. des Maraîchers

Av. du Mail

Av. G-Favon

Université

R. de

Prom
des Bast

**Bois de
la Bâtie**

**Musée
d'Ethnographie**

**Plaine de
Plainpalais**

a la autopista, 5 km
a Lausanne, 63 km

onservatoire
botanique

G.A.T.T.

Parc
Barton

Musée
de l'Historie
des Sciences

La Perle du Lac

Parc
Mon Repos

Musée
H. Dunant

alais
ilson

Lac Léman
(Lac de Genève)

Lausanne
St-Gingolph

Genève-
Plage

a Thonon-les-
Bains, 33 km

Place de
Traigant

Débarcadére
Eaux-Vives

Parc des
Eaux-Vives

t du
ont-Blanc

Parc
la Grange

Quai Gustave

Ador

Jardin Anglais

Guisan

Rhône

Pl. des
Eaux-
Vives

Av. Piciet-de-Rochemont

R. de la Terrassière

Rue des Eaux-Vives

R. de Montchoisy

des Voliandes

Av. William Favre

Route de Frontenex

Stade de
Richemond

nto
e d'Art
listoire

Boulevard

Helvetique

M. d'Histoire
naturelle

Musée de
L'Horlogerie

Gare des
Eaux-Vives

Route de Chêne

a Annemasse,
7 km

Ch. Petite-Boissière

Mont-Blanc

Quai W. Wilson

de France

UN PASEO A PIE

Por Ginebra

❙ Para recorrer lo más característico de la ciudad, podemos unirnos a alguna de las visitas guiadas que se organizan desde la Oficina de Turismo, pero también es posible realizar este paseo con la sola ayuda de un mapa y nuestras indicaciones. En cualquier caso, nos tomará dos horas aproximadamente.

Nos situaremos en la orilla derecha (teniendo en cuenta que la orientación izquierda-derecha se marca mirando en la dirección del flujo del río Ródano; esto es: hacia el suroeste). Podemos comenzar el paseo en el **Palacio de las Naciones** (▶84), en la zona norte de la ciudad. Desde la plaza contigua (Place des Nations), tomaremos la avenida de Francia en dirección al lago, hasta encontrar la **Rue de Lausanne:** una calle comercial muy amplia y entretenida.

❙ Al llegar a la estación de trenes **(Gare de Cornavin),** optaremos por la Rue Mont-Blanc, otra de las calles más comerciales de Ginebra, con tramos peatonales. Podemos apreciar que el urbanismo se va estrechando: a ambos lados encontraremos callejuelas que nos advierten que estamos acercándonos al casco histórico.

▼ El chorro de agua Jet d'Eau es uno de los principales atractivos de Ginebra. Debajo, reloj de flores, en el Jardín Inglés.

Esta calle desemboca en el **Pont du Mont-Blanc,** que merece una parada. Desde él se adquiere una fantástica perspectiva sobre el lago Lemán, el Jet d'Eau y los parques y muelles que bordean ambas riberas y el río.

❙ Pasando a la ribera izquierda, hallaremos el famosísimo **Jardín Inglés** y su reloj florido: otro lugar donde detenerse unos momentos para contemplar el panorama y hacerse alguna fotografía.

Siguiendo la orilla izquierda por los muelles, en dirección contraria al lago (hacia el oeste), pasamos junto a la **Isla Rousseau:** podemos cruzar el puente de Bel Air para admirar el monumento al ilustre enciclopedista ginebrino.

❙ Del mismo puente, en dirección contraria, tomaremos la Rue Cité que se prolonga con el nombre de Grand Rue. Es la calle principal de la ciudad vieja (Vieille Ville) y ostenta edificios antiguos muy interesantes y bien conservados, además de la casa natal de Rousseau. A la izquierda, poco más adelante, avistaremos las torres de la **Catedral de St. Pierre** (▶77), otro monumento para realizar la imprescindible visita. A mano derecha de la misma vía se halla el **Ayuntamiento** (Hôtel de Ville).

▲ Vista del lago, desde los tejados de la ciudad.

El barrio de callejuelas que rodea la catedral invita a perderse; varias de ellas son escalinatas adornadas con flores y fuentes. En una de estas calles (la Rue du Puits-Saint-Pierre se ubica la **Maison Tavel,** que pasa por ser la más antigua de Ginebra: del siglo XIV.

▐ Si descendemos de nuevo hacia el Ayuntamiento, detrás de él veremos un monumento muy significativo para los ginebrinos: el **Muro de los Reformadores,** en el parque llamado **Promedade des Bastions.**

Se trata de una estela en piedra de medidas espectaculares (100 m de largo por 5 m de altura) en la que están representados los cuatro reformadores de la iglesia en Suiza, encabezados por Calvino. Fue construido entre 1909 y 1917.

▐ Una de las plazas más famosas de Ginebra está muy cerca; se trata de la **Place Bourg-de-Four,** el corazón de la antigua ciudad, presidida por una hermosa fuente y rodeada de espléndidas casas. Los visitantes llenan las terrazas para disfrutar del entorno.

A una manzana de esta plaza se encuentra el muy recomendable **Museo de Arte e Historia** (▶82), en la Rue Charles Galland, que sale de la misma plaza.

▐ Un poco más lejos, en dirección este, se localiza el otro museo imprescindible, el de **Historia Natural.** Podemos optar por visitarlo o bien regresar hacia la Rada.

Es fácil regresar hacia la ribera, en dirección a la Place du Port, y terminar el paseo en los muelles junto al Jardín Inglés, cerrando el círculo en uno de los lugares de más bella vista panorámica de Ginebra.

▶ Monumento *Broken Chair,*
contra las minas antipersona.

▼ Salas del Museo de Historia
Natural.

**❙ MUSEO DE ARTE E HISTORIA
(*MUSÉE D'ART ET D'HISTOIRE*)** ★★

El edificio data de principios del siglo xx y expone un contenido de lo más interesante y variado. Está organizado en tres secciones con criterios cronológicos: la sección arqueológica, dedicada a la Prehistoria hasta el Imperio romano, pasando por las civilizaciones del antiguo Egipto o la Grecia clásica, expone una impresionante colección que será del gusto de toda la familia; la sección de las Bellas Artes, con una notable muestra pictórica y escultórica, que abarca desde el Renacimiento hasta hoy día; y la sección dedicada a las artes aplicadas desde la Edad Media en adelante: mobiliario de época, objetos cotidianos, productos textiles…

Vinculado a este museo se hallan otras instituciones como la **Maison Tavel** (en la Vieille-Ville), el **Cabinet d'arts graphiques**, o **Le Rath** (dedicado a las exposiciones temporales).

**❙ MUSEO DE HISTORIA NATURAL
(*MUSÉE D'HISTOIRE NATURELLE*)** ★★★

Se trata de una extensísima instalación, de ambición enciclopédica, especialmente adecuada para los menores. Presenta diferentes ambientes naturales en secciones dedicadas a especies –mamíferos, aves, reptiles, insectos…– muy bien organizadas. Una serie de modernas técnicas de exposición (dioramas, películas y animaciones) resultan pedagógicas y nos trasladan a lugares tan lejanos como la Antártida. También dedica una sección a la historia del ser humano y otra a la geología ginebrina, suiza y mundial. Uno de los atractivos más apreciados es la escena de dinosaurios con grandes esqueletos de saurios y fósiles. Dedica algunas salas a presentar escenas con animales disecados en ambientes recreados. Como curiosidad, se expone una tortuga con dos cabezas, viva. Actualmente se halla cerrado por renovación hasta 2025.

- 78, A2
- Av. de la Paix 17
- 22 748 95 11
- www.redcrossmuseum.ch
- De 10 a 18 h, jueves hasta las 22 h, cierra lunes
- Exposición permanente y temporales, 10 a 15 CHF; solo exposiciones temporales, 6 a 9 CHF

- 78, A2
- Av. de la Paix 14
- 22 917 12 34
- www.ungeneva.org
- De 8.30 a 17 h (consultar), cierra sábados y domingos
- Visitas guiadas

- Rue des Vieux-Grenadiers 10
- 22 320 61 22
- www.mamco.ch
- De 12 h a 18 h, fines de semana desde las 11 h, cierra lunes
- Entrada gratuita

- Rue des Vieux-Grenadiers 7
- 22 707 30 10
- www.patekmuseum.com
- De martes a viernes, de 14 a 18 h, sábados de 10 a 18 h, cierra domingos y lunes
- 10 CHF (adultos), 7 (tarifa reducida). Gratis hasta los 18 años

I MUSEO DE LA CRUZ ROJA INTERNACIONAL (MUSÉE DE LA CROIX-ROUGE ET DU CROISSANT-ROUGE) *

Esta institución, creada por Henry Denant, orgullo nacional, tiene su sede en un moderno edificio inaugurado en 1988. La visita al museo ilustra, por medio de las tecnologías expositivas más actuales –dioramas, audiovisuales, fotografías, películas…–, la labor humanitaria de la Cruz Roja desde su fundación a través de sus actuaciones en tiempos de guerra y de paz. Se trata de una aconsejable lección de historia y de solidaridad de los pueblos.

I PALACIO DE LAS NACIONES (PALAIS DES NATIONS) **

En la misma avenida de la Paz, se halla el conjunto de edificios que alojan esta institución de las Naciones Unidas que data de 1929 (se terminó en 1937) y su factura corrió a cargo del famosísimo arquitecto Le Corbusier, obtenido en concurso público.

De entre la serie de obras de arte de diversos creadores que se encuentran en su interior, destacan la esfera armilar, construida por Paul Manship, y la cúpula de la Sala XX de los Derechos Humanos y de la Alianza de Civilizaciones, obra de Miquel Barceló.

El **parque de Ariana** rodea los edificios en un ámbito abierto con el horizonte alpino a la vista. Y delante de la entrada se abre una amplia plaza con juegos de agua delante de los que se alza el impactante monumento contra las minas antipersona –una enorme silla con una de sus patas rota, Broken Chair–, obra del artista Daniel Berset.

I MUSEO DE ARTE MODERNO Y CONTEMPORÁNEO (MAMCO) **

Recuperando una vieja fábrica, este museo se ocupa desde 1994 del arte multidisciplinar de nuestra época, con atención regular a la escena artística suiza, pero también internacional.

I PATEK PHILIPPE MUSEUM **

Los apasionados de la relojería deben visitar la colección más importante y suculenta de la ciudad, a lo largo de 500 años de historia medida en horas. Fundada en 1839 ha reunido una extraordinaria exhibición de relojes, autómatas musicales y retratos en miniatura desde el siglo XVI al siglo XIX; además de una biblioteca dedicada a la relojería y sus temas relacionados.

I VILLE DE CAROUGE **

A pocos kilómetros del centro de Ginebra, con fácil acceso tomando el tranvía 13 (dirección Palette, el trayecto dura unos minutos), se encuentra este barrio encantador con un pasado histórico interesantísimo.

En el siglo XVIII, el rey de Saboya Víctor Amadeo III es quien la convierte en villa real y ordena a los arquitectos italianos una construcción armoniosa de la ciudad (con sus puntos centrales en la Plaza del Mercado y la iglesia contigua, etc.) y en el siglo XIX se instalaron cuatro fuentes monumentales.

En 1816 fue absorbida por Ginebra, y comenzó un periodo de decadencia. Hasta que en 1982, un inteligente plan de conservación fue devolviéndole su estilo y su vitalidad. Hoy día, de nuevo es un barrio destacado (con más de veinte mil habitantes) que ha recuperado numerosos talleres artesanos –relojeros, vidrieros, modistos, ceramistas, joyeros, anticuarios…– y una buena cantidad de restaurantes que abastecen a los turistas que acuden a pasear por sus calles.

El viajero encuentra en Carouge una pequeña ciudad eminentemente mediterránea. Sus casas, de no más de dos plantas y con lucernarios sobre sus tejados rojos, pintadas de alegres colores, esconden en su interior preciosos patios íntimos con balconadas, palmeras y soleadas matas floridas.

| LAGO LEMÁN (▶42)

¿sabias que...?

El proverbial humanitarismo suizo se refrenda en el hecho de que la cuarta parte de su población realiza actividades de voluntariado para alguna organización, sea pública o privada.

Musée de Carouge
✉ Place de Sardaigne, 2
☎ 22 307 93 80
🖥 www.carouge.ch

▼ Fachada del Palacio de Naciones Unidas, flanqueado de banderas.

Corazón
de Suiza

La ciudad de Lucerna, gracias a sus maravillosos puentes medievales de madera, la muralla almenada, el encantador barrio antiguo, además de un entorno montañoso y fluvial bellísimo, es el destino urbano más visitado de Suiza. Su tamaño reducido y la riqueza de sus variados museos la hacen muy recomendable. Tiene además una nutrida agenda cultural en la que destacan sus vistosos Carnavales y los festivales musicales de verano.

I Lucerna
(Luzern, Lucerne)

En el mismo corazón –geográfico e histórico– de Suiza se sitúa la ciudad de Lucerna, capital del cantón del mismo nombre, al roroeste del lago llamado de los Cuatro Cantones (*Vierwaldstättersee*), el segundo más grande del país. Esta elegante urbe conserva un centro histórico con un marcado trazado medieval y destacados elementos de época renacentista y barroca.

La ciudad está rodeada de boscosos montes que la defienden de los fríos más rigurosos y le dotan de una riqueza paisajística muy estimable por los excursionistas. Se trata de estribaciones alpinas, algunas de tanto renombre como los montes Pilatus y Rigi.

Su emplazamiento, como vértice entre los cantones de Lucerna, Unterwalden, Uri y Schwyz, ha sido un factor clave de desarrollo durante siglos. Lucerna fue, en su pasado (siglo VIII), un pueblo de pescadores anejo al monasterio de San Leogard, de monjes benedictinos. Aparece documentado su nombre medieval –*Luciaria*– unos siglos más tarde. Pero fue la apertura del paso del San Gotardo –al sur de la ciudad–, que tuvo lugar en el siglo XIII, lo que impulsó la economía de la ciudad al convertirse en lugar de paso de rutas comerciales. En el siglo XIV se consuma su independencia de la casa Habsburgo, y se alía a la naciente Confederación en 1332. Permaneció fiel a la iglesia católica romana durante y después de las guerras de religión, asunto en el que tuvieron influencia los jesuitas.

Tras la dominación napoleónica, fue capital del país durante un corto periodo. No obstante, gracias a su posición central en el territorio helvético y sus valores paisajísticos, Lucerna es considerada la ciudad más turística de Suiza, lo cual es mucho decir.

La ciudad tiene una población de unos 80.000 habitantes, la mayoría de habla alemana. Como otras ciudades suizas, el agua es un elemento omnipresente: del lago surge, hacia el oeste, el río Reuss, que divide la población en dos partes muy definidas, antigua y moderna. Una amplia zona peatonal y el exquisito cuidado de su patrimonio arquitectónico facilitan una visita que será inolvidable.

Son justamente famosos sus carnavales (casi tanto como los de Berna), y también sus festivales de música, que se celebran en verano y atraen al público aficionado de toda Europa.

▲ Decoración interior del Kapellbrücke.

◄ Vista de Lucerna.

● ● ● ● ● ● ● ● ●

Información turística
✉ Zentralstrasse 5
☎ 41 227 17 17
🖳 www.luzern.com
🕐 Consultar horarios en la web

▼ Decorativas fuentes adornan la ciudad de Lucerna.

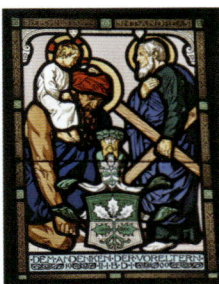

▲ Vidriera realizada por el artista Marc Chagall para la catedral.

❚ ANTIGUO AYUNTAMIENTO (ALTES RATHAUS) **

Junto al río y el moderno puente Rathaus Steg, se alza esta construcción que data del siglo XVII, de estilo neoclásico, ya que fue edificado por el arquitecto italiano Anton Isenmann. Tiene un vistoso tejado rojo con voladizo y bajo sus arcadas se acoge un mercado algunos días del mes.

El primer piso está ocupado por una sala con intensa vida cultural: conciertos y exposiciones. El paseo por el muelle en el que se alza –Rathause Quai– es uno de los preferidos por los visitantes, debido a la hermosa panorámica que se disfruta desde él.

❚ IGLESIA DE LOS JESUITAS (JESUITENKIRCHE) **

Además de ser la primera iglesia barroca construida en Suiza, su amplitud es proporcional al papel de dicha orden en la historia de la ciudad. Se alza también junto al río Reuss, donde se reflejan su blanca fachada y las dos torres gemelas, de construcción posterior, que acaban en brillantes cúpulas orientalizantes.

El interior está formado por una amplia nave con capillas laterales que sobresalen armónicamente en los paños laterales exteriores. Está profusamente decorada con bellos estucos barrocos del siglo XVII.

▶ Vista de la catedral.

CATEDRAL *(HOFKIRCHE)* **

En su origen fue el monasterio benedictino alrededor del cual se fundó la ciudad, pero un incendio, sucedido en el año 1633, obligó a su reconstrucción, en estilo renacentista. Sus dos torres picudas son más antiguas que el resto, y muy emblemáticas en el perfil de la ciudad. En uno de sus flancos se puede ver un pequeño cementerio abierto y de ambiente romántico.

Está dedicada a los patronos de Lucerna, los santos Leogardo y Mauricio, que están representados en los paños de su puerta principal.

Su interior contiene una rica ornamentación y algunas capillas muy notables. Destaca el retablo dedicado a la Virgen María, así como un famosísimo órgano del siglo XVII.

✉ St. Leodegardstrasse 6
☎ 41 229 95 00
🌐 www.hofkirche.ch
🕐 De 9 a 17.30 h en verano; en invierno, cerrada de 12 a 14 h y hasta las 16.30 h

MUSEO DE BELLAS ARTES
(KUNSTMUSEUM LUZERN) ***

Está ubicado en el Centro de Cultura y Congresos KKL, un innovador complejo construido entre 1995 y 2000 y que es obra del arquitecto francés Jean Nouvel. Está ubicado junto al río, en el nacimiento del lago. Cuenta con un gran auditorio y varias salas polivalentes, además de la pinacoteca.

El edificio, a pesar de su modernidad, se integra perfectamente en el entorno. Acristalado y rodeado de un foso de agua, refleja la fuente que hay frente a su fachada y el lago contiguo creando una réplica que multiplica visualmente la naturaleza circundante, en la que el agua es el elemento omnipresente.

El museo expone obras artísticas de los últimos cinco siglos, con preponderancia de creadores suizos (paisajistas sobre todo) o vinculados a Lucerna.

✉ Europaplatz 1
☎ 41 226 78 00
🌐 www.kunstmuseumluzern.ch
🕐 De 11 a 18 h, miércoles hasta las 19 h, lunes cerrado
🎫 15 CHF, adultos, 6 CHF (hasta 25 años). Gratis niños hasta 16 años y primer domingo de cada mes

▲ Fachada del Centro de Cultura y Congresos KKL.

📷 41 227 17 17
🌐 www.museggmauer.ch
🕐 Del 1 de abril al 1 de
noviembre, de 8 a 19 h

I MURALLA *(MUSSEGGMAUER)*   **

Se conserva una parte de la almenada muralla medieval (de los siglos xiv y xv) rodeando parte de la colina Mussegg, en semicírculo, cerrando por el norte la zona más antigua y peatonal.

Presenta nueve torres defensivas, tres de las cuales están abiertas al público y ofrecen una vista fantástica y se puede acceder a otra mediante visita guiada.

Todas las torres son distintas y tienen su nombre particular. Por ejemplo, la llamada Zytt ostenta un soberbio reloj, el más antiguo de Lucerna (de 1535), que tiene el curioso privilegio de dar la hora un minuto antes que el resto de relojes de la ciudad.

✉ Pilatusstrasse 10
📷 41 220 16 60
🌐 www.rosengart.ch
🕐 De 10 a 18 h
💶 20 CHF y descuentos

I STIFTUNG ROSENGART   **

Cerca de la estación de tren se ubica un edificio neoclásico, antiguo banco que la familia Rosengart transformó en museo para albergar su colección de pintura, en la que Picasso y sus contemporáneos ocupan sus tres pisos. El genio malagueño dispone de la planta principal.

Exhibe obras –dibujos, grabados, cerámicas y cuadros– del artista, y una buena colección de fotografías de él.

I PUENTE DE LA CAPILLA Y TORRE DEL AGUA
(KAPELLBRÜCKE, WASSERTUPN)   ***

Se trata del puente más famoso no solo de Lucerna, sino de Suiza, y es absolutamente peculiar e inconfundible: hecho de madera, cruza en diagonal el río. Construido en el siglo XIV, mide más de 200 m y está techado, también en madera. Su nombre lo toma de la cercana capilla dedicada a San Pedro.

Edificado como construcción defensiva, el actual es una reconstrucción, ya que se incendió en 1993, pero totalmente fiel al original.

Debajo de su techado se expone una completa colección de cuadros del pintor Hans Wägmann (siglo XVII), con argumentos históricos y religiosos sobre Lucerna y sus santos patronos. Tras el incencio, solo pudieron ser restaurados unas decenas, pero resultan una suficiente muestra de la riqueza artística del puente. Las pinturas que pueden verse son las originales.

Junto a él y en su mitad se halla la Torre del Agua, un edificio octogonal hecho de piedra, con tejado en pico, que fue usado como prisión, cámara del tesoro y archivo. Tiene 34 m de altura.

▲◄ Vistas del Kapellbrücke, en el casco antigo de la ciudad.

> **¿sabias que...?**
> El ascensor exterior más alto de Europa también está en Suiza, como no podía ser menos. Se llama Hammetschwand, asciente 153 m y está cerca de Lucerna.

▲ Monumento al León, labrado sobre una pared de roca en el siglo XIX.

• • • • • • •

✉ Denkmalstrasse 4
☎ 41 227 17 17
🖱 www.loewendenkmal-luzern.ch
🕐 Siempre abierto

▌ PUENTE SPREUER   ★★★

Este es otro de los puentes más antiguos de Lucerna, pues su construcción, en madera, se remonta a principios del siglo XV. Edificado también como elemento defensivo, su interior está adornado con pinturas triangulares muy singulares. Efectivamente, el artista Kaspar Meglinger (en el siglo XVII) representó escenas de la muerte ante diversos personajes socialmente representativos: reyes, sacerdotes, burgueses…

▌ LEÓN MORIBUNDO   ★★★

El Jardín de los Glaciares (*Gletschergarten*) debe su nombre a que sus decenas de pozos reciben el agua del glaciar del río Reuss. Está situado al norte de la ciudad, y fue diseñado en el siglo XIX. Es un sorprendente conjunto de formaciones rocosas, marmitas de gigante, fósiles y rocas proveniente de glaciares.

En él se encuentra situado el Laberinto de los Espejos (de 1986) llamado "Alhambra" por sus resonancias árabes.

Si el jardín merece una visita es, además, porque en él encontraremos otro de los emblemas de Lucerna: el **León Moribundo**, tallado en una gran roca en el siglo XIX. Es un homenaje a los 800 soldados suizos que fueron muertos en el asalto a las Tullerías de París, durante la Revolución Francesa. Se trata de un altorrelieve espléndido, muy expresivo.

▌ MONTE PILATUS "GOLDENE RUNDFAHRT" (CIRCUITO DORADO) (▶41)

▶ Vista de la ciudad, bañada por el río Reuss y el lago de los Cuatro Cantones.

La **Suiza**
mediterránea

Con sus jardines de vegetación subtropical, gracias a su clima privilegiado, y un estilo de vida relajado y al aire libre, la ciudad de Lugano nos sugiere una tradición vinculada por igual a Centroeuropa y al Mediterráneo. El sinuoso lago y las montañas que la rodean añaden atractivos a esta encantadora ciudad de provincias.

Lugano

El cantón del Ticino ocupa la zona más meridional de Suiza, lindando con Italia con quien comparte lengua y buena parte de su historia. Su capital es Bellinzona, pero la ciudad más grande y visitada del cantón es Lugano (con cerca de 70.000 habitantes), situada junto a la frontera y en el extremo norte del lago del mismo nombre (en italiano, lago *Ceresio*).

Lugano, en el vértice inferior del cantón, ocupa una bahía del lago y está rodeada por boscosas montañas –los montes Brè, San Salvatore y Sighignola–. Esta privilegiada situación y su baja altura relativa le proporcionan clima –seco y cálido– y vegetación mediterráneas; ha sido llamada "la Río de Janeiro de Europa".

Su nombre proviene del término "*lucus*", que significa bosque sagrado; esto da idea de su exuberancia vegetal.

Se conoce su pasado etrusco y celta, pero no hay documentación sobre el emplazamiento hasta el año 724. Durante la Edad Media fue objetivo de las ambiciones de dominio de las familias nobles de Milán y Como, que se disputaron el territorio durante siglos en los que pasó de una a otra soberanía.

También Francia y Suiza combatieron por este estratégico emplazamiento hasta que, en 1512, pasó definitivamente a formar parte de la Confederación Helvética. No obstante, conservó hasta hoy en día la lengua italiana y su relación cultural, comercial y afectiva con el país vencino.

Tras la breve ocupación francesa, el cantón pasó a denominarse Ticino (el nombre que comparte con el mayor de sus ríos).

Aunque su carácter fronterizo siempre le aportó ventajas económicas –pues era el paso obligado hacia el Mediterráneo–, el siglo XX descubrió su potencial turístico. El túnel de San Gotardo, construido en 1882, posibilitó una comunicación mucho más cómoda y segura. Los funiculares que ascienden a los montes cercanos fueron instalados, y la región recibe numerosos visitantes para disfrutar tanto de una naturaleza excepcional como de la belleza de su patrimonio cultural. Además, la celebración de eventos culturales como el "Festival Jazz" (en junio y julio) o el "Lugano Festival" atrae a miles de aficionados a la música cada verano.

No obstante, aunque el turismo y el sector servicios es la fuente de ingresos principal, Lugano es también un centro financiero, comercial e industrial de la zona.

Información turística
Lugano Centro

✉ Via Magatti 6
☎ 58 220 65 06
🌐 www.luganoturismo.ch
🕐 De 9 a 18 h, sábados de 9 a 17 h, domingos de 10 a 12 h y de 13 a 17 h

◄ Verjas junto al lago de Lugano, situado en el sureste de Suiza, en el cantón del Tesino.

▶ Vista de Lugano.

Lugano, una pequeña gran ciudad, ha conservado su delicioso casco histórico en el que encontramos una arquitectura civil y religiosa típicamente mediterránea, con parte de sus calles peatonales; callejuelas, plazas y jardines sugieren el apacible descanso de una población provinciana que, sin embargo, contiene también lujosos barrios residenciales en la periferia y una decidida apuesta por las manifestaciones artísticas de hoy en día.

Toda la ribera del lago es un largo paseo –varios kilómetros– de parques a cual más bello; su primavera parece eterna.

LO QUE HAY QUE VER

❙ CATEDRAL DE SAN LORENZO   ******

La catedral está situada en una pequeña colina a la que se accede por una calle empinada. La plaza que la rodea es un buen lugar para contemplar la ciudad desde arriba. Comenzó a construirse en el siglo XIII, pero se le fueron añadiendo nuevos elementos arquitectónicos, de modo que su fachada es renacentista (siglo XVI). Ostenta una sola torre cuadrada, coronada por una pequeña cúpula. Cuenta con tres naves que conservan parte de su ornamentación primitiva,

✉ Via Borghetto 1

aunque la mayoría de sus esculturas y retablos datan de más acá del siglo XV. La más famosa de estas obras de arte es "La apoteosis de San Esteban", de G. Torricelli (siglo XVIII).

IGLESIA DE SANTA MARÍA DE LOS ÁNGELES   ***

- 📧 Piazza Bernardino Luini 6
- 🕐 91 922 01 12
- 🌐 https://santamaria
  degliangioli.ch
- 🕑 Consultar según época del año
- 💰 Gratuita

Se comenzó su factura a finales del siglo XV y se terminó en el siguiente. No obstante, su apariencia es muy sencilla, de estilo romántico. Cuenta con una sola nave –con tejado a dos aguas y un añadido lateral para cobijar las capillas– y también una sola torre.

Lo más interesante está en el interior: sus muros adornados con tres grandes frescos del artista Bernardino Luini. El más famoso es el que representa la *Pasión de Cristo,* sobre los tres arcos que separan el coro del lugar reservado a los fieles. Otro, bellísimo, está dedicado a la *Última Cena.* Este pintor, de la escuela de Leonardo da Vinci, es uno de los exponentes más notables de la escuela lombarda.

Sus capillas están también decoradas con admirables muestras pictóricas religiosas, así como todos los paños del templo; resulta un espectáculo muy colorido que no debemos perdernos.

MUSEO DE LAS CULTURAS (DELLE CULTURE)   **

- 📧 Via Riva Antonio Caccia 5
- 🕐 58 866 69 60
- 🌐 www.musec.ch
- 🕑 De 11 a 18 h, sábados y domingos a partir de las 10 h, cierra martes
- 💰 15 CHF; reducida a 10 CHF; de 6 a 15 años, 5 CHF

Ocupa una bella edificación neoclásica llamada Villa Helenum, cuya construcción es de la primera mitad del siglo XX, rodeada de un exótico parque que adelanta lo interesante de su contenido. Surge como museo desde 1989 y ofrece una visita muy entretenida para toda la familia.

Expone muestras de todas las culturas más exóticas de Asia, África…, elegidas en función de su belleza. Su dotación fue aumentada con la donación de la familia Brignoni.

MASI LUGANO (MUSEO D'ARTE DELLA SVIZZERA ITALIANA)**

LAC Lugano
- 📧 Piazza Bernardino Luini 6
- 🕐 91 815 79 73
- 🌐 www.masilugano.ch
- 🕑 De 11 a 18 h, jueves hasta las 20 h, sábados y domingos desde las 10 h, cierra lunes
- 💰 20 CHF y descuentos

El museo cantonal de arte y el museo municipal se fusionaron en 2015 para dar vida al Museo d'arte della Svizzera italiana (MASI, Lugano).

Aunque sigue usando el Palazzo Reali para ciertas exposiciones, la mayor parte de las muestras se ubican en el centro cultural LAC, que también funciona como centro de congresos y auditorio. Dedicado a artistas en activo vinculados a la región, también abre las puertas a propuestas artísticas llegadas de fuera de Suiza.

PIAZZA DELLA RIFORMA   ***
Esta amplia plaza, junto a los muelles y el lago, es el centro nuclear de la ciudad. Es muy transitada y hay terrazas por todas partes para disfrutar de un rato de sombra, descanso y vistas del lago.

En ella está ubicado el **Ayuntamiento** *(Palazzo Civico),* construido en el siglo XIX. Su estilo netamente neoclásico ostenta un frontis sobresaliente –sobre el primer piso– adornado con estatuas en hornacinas y el escudo de la ciudad.

Es un buen lugar para adentrarnos en el casco antiguo y perdernos por sus calles estrechas y sin circulación, por ejemplo camino de la catedral. Podremos encontrar también otras iglesias más pequeñas y familiares –aunque no menos encantadoras–, como la **iglesia de la Trinidad,** la de la Inmaculada o la de San Antonio.

I **PASEOS JUNTO AL LAGO
   DE LUGANO**   ******

Si comenzamos el recorrido en la zona norte de la rada, tomaremos la Riva Albertolli, un hermoso paseo flanqueado por hermosas villas frente al lago. Desde ella se aprecia también el casco histórico. Este paseo llega hasta la misma **Piazza della Riforma,** pero a lo largo pasaremos junto a edificios emblemáticos de la ciudad como el Kurssal.

Los jardines continúan bordeando el lago, más allá del centro neurálgico, por la Riva V. Vela. Un poco más allá se accede al **Jardín Bellvedere,** junto a la **iglesia Santa Maria degli Angeli** (una visita imprescindible) y continúa por la llamada Riva Caccia y la Riva Paradiso, la más lejana al centro de la parte sur de la rada.

A lo largo de este paseo encontraremos embarcaderos desde los que iniciar, si lo deseamos, un recorrido en barco por el lago de Lugano, experiencia muy recomendable.

I **MONTE DE SAN GIORGIO (▶44)**

▲ Viajeros contemplando las vistas del lago.

▼ Funicular de Lugano.

La **gran ciudad**

El lujo, las finanzas, la industria, la tradición y la más rabiosa modernidad se reparten la ciudad de Zúrich en una amalgama vitalista, creativa y vibrante. La noche zuriquesa esconde sorpresas en cualquiera de sus barrios, y su casco histórico es a la vez monumental y popular. Todo ello, con el telón de fondo y la belleza espectacular de los montes alpinos que la rodean.

❙ Zúrich

Aunque no es la capital de Suiza, sí es la ciudad más poblada del país –casi 450.000 habitantes, germano-parlantes–, y también un importantísimo centro comercial, financiero e industrial. Tiene a gala ser la ciudad del mundo con más alto nivel de vida, y esa circunstancia es algo que el visitante percibe en la calle: las lujosas tiendas, la profusión de lugares de diversión nocturna, los barrios residenciales, y una especie de tranquilidad vitalista que relacionamos con la fiabilidad de su economía y su sistema social.

Su origen se remonta 2.000 años atrás, cuando los ejércitos romanos establecieron un castro fortificado al que denominaron *Turicum*. De aquellos tiempos restan algunos vestigios y testimonio de su localización.

Zúrich como ciudad aparece por primera vez en documentos del año 929. Pero fue el siglo XII cuando comienza su verdadero esplendor, apoyado en las manufacturas textiles –de algodón y seda, básicamente– impulsadas por una incipiente burguesía, y al establecimiento de conventos e iglesias que revelan su potencia económica.

De 1250 datan las primeras fábricas textiles y la consecuente creación de sus famosos y poderosos gremios. En el año 1351 se une a la Confederación Helvética. En 1524, de la mano del entusiasta reformador Zwinglio, abraza el nuevo cristianismo protestante que enaltece las virtudes del trabajo y una rígida moralidad personal. A causa de las guerras de religión, una buena cantidad de protestantes, huidos de territorios de dominación católica, se establecen en la ciudad en el siglo XVII; estos inmigrantes, artesanos en su mayoría, colaboran a la prosperidad de la villa.

La dominación napoleónica termina en 1799, tras dos batallas en las que vencieron los austriacos en defensa de la ciudad. Poco más tarde, Suiza declara su neutralidad para las guerras venideras. En el siglo XIX se fundan dos instituciones educativas de alto nivel: la Universidad de Zúrich (1833) y la Escuela Politécnica (1855).

En cuanto al siglo XX, Zúrich consta como cuna de algunas de las vanguardias del momento –el dadaísmo, por ejemplo–, y residencia temporal de célebres artistas y políticos de toda Europa. El caso más notable es el de Lenin, que residió varios años en la ciudad mientras preparaba la Revolución de Octubre y era visto con frecuencia en el Cabaret Voltaire, situado, como su casa, en el barrio antiguo de la ciudad.

◀ Barrio medieval de Zúrich, dividido por el río Limmat.

▼ El famoso reloj de Bahnhofstrasse.

▶ Vistas de Zúrich, que ofrece entretenimiento, cultura y una vibrante vida nocturna.

También en este siglo se consolida la importancia de sus entidades financieras; gracias a la famosa neutralidad de Suiza, las familias judías, ante la amenaza de la guerra mundial, ponen a salvo sus bienes confiándolos a la banca que les ofrece más garantías. Esta práctica, y el respeto al secreto bancario, atraen aún hoy día las fortunas de todo el mundo; la actividad financiera deviene uno de los primeros fondos de ingresos del estado suizo.

Zúrich está situada junto al lago del mismo nombre, en su ribera Norte. En la misma ciudad confluye el río Limmat –que surge del lago– y su afluente Sihl, que se incorpora al río principal por su izquierda (en sentido norte, que es el de la corriente). El triángulo que forman ambos ríos alberga el casco histórico y la mayoría de sus monumentos antiguos, aunque la ciudad se extiende bastante más allá, con barrios más modernos, parques y zonas residenciales e industriales, jalonando ambas orillas del lago.

Más de cincuenta museos y otras tantas galerías de arte, además de magníficas iglesias, teatros de ópera y salas de conciertos, y una multitud de clubes nocturnos, imprimen a la ciudad una trepidante e interesantísima vida cultural que parece no conocer descanso. En cuanto al medio natural en la que se enclava, el agua es un elemento omnipresente que imprime especial carácter. La corona que forman en el horizonte los Alpes nevados está a la vista desde muchos puntos.

LO QUE HAY QUE VER

▌ MUSEO NACIONAL SUIZO
(LANDESMUSEUM)   ★★★

Es un encantador edificio neorromántico, construido hace cien años, en el que se expone una excelente colección artística y etnográfica de la antigüedad, desde la Prehistoria hasta nuestros días. Sus fondos de arte románico y gótico –retablos, esculturas, etc.– son muy notables. También se encuentran instalaciones decorativas de siglos pasados, colecciones de armas, monedas y sellos, trajes de época y otras curiosidades que atraerán el interés de mayores y pequeños.

La inteligente disposición de sus salas ofrece una completa perspectiva de la historia de Suiza, ayudando al visitante con medios audiovisuales e interactivos.

Una de las salas preferidas por los pequeños –y los adultos– es la que contiene una maqueta que reproduce a escala y con todo detalle la batalla de Murten: disposición de los ejércitos y sus secciones, paisaje…

- 🕐 A1, 104
- ✉ Museumstrasse 2
- ☎ 44 218 65 11
- 💻 www.nationalmuseum.ch
- 🕐 De 10 a 17 h, jueves de 10 a 19 h, cierra lunes,
- 🎫 13 CHF adultos; 10 CHF reducida; menores de 16 años gratuita

▌ MUSEO DE BELLAS ARTES (KUNSTHAUS)   ★★

Su patrimonio artístico es muy variado y prestigioso. Podremos encontrar valiosísimas muestras de pintura y escultura de los siglos XV y siguientes, entre las que encontraremos a Rembrandt, Canaletto, Tiepolo o el Greco. Hay también algunas obras notables de los siglos XIX y XX europeos, como Rodin o Modigliani. Pero quizás

- 🕐 C2, 104
- ✉ Heimplatz 1
- ☎ 44 253 84 84
- 💻 www.kunsthaus.ch
- 🕐 De 10 a 18 h, jueves de 10 a 20 h, cierra lunes
- 🎫 31 CHF adultos, 22 CHF reducida, menores de 16 años

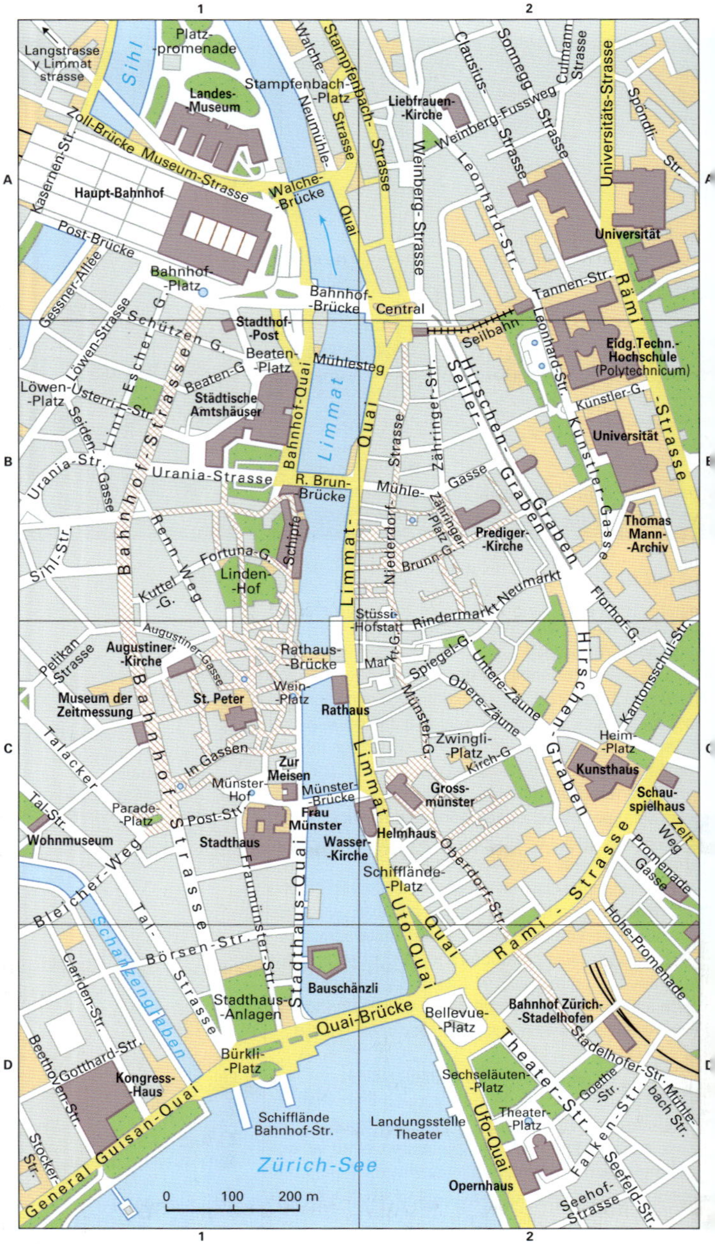

Mapa de Zúrich

A

- Langstrasse y Limmat strasse
- Platz-promenade
- Sihl
- Landes-Museum
- Zoll-Brücke
- Museum-Strasse
- Haupt-Bahnhof
- Walche-Brücke
- Kasernen-Str.
- Stampfenbach-Platz
- Stampfenbach-Strasse
- Neumühle-Strasse
- Walche-Strasse
- Quai
- Liebfrauen-Kirche
- Clausius
- Sonnegg
- Cullmann-Strasse
- Universitäts-Strasse
- Spöndli-Str.
- Weinberg-Fussweg
- Weinberg-Strasse
- Leonhard-Str.
- Universität
- Rämi

B

- Post-Brücke
- Gessner-Allee
- Bahnhof-Platz
- Bahnhof-Brücke
- Central
- Tannen-Str.
- Seilbahn
- Leonhard-Str.
- Rämi
- Eidg.Techn.-Hochschule (Polytechnicum)
- Stadthof-Post
- Beaten-Platz
- Beaten-G.
- Schützen-G.
- Löwen-Strasse
- Löwen-Platz
- Löwen-Usterri-Str.
- Urania-Str.
- Städtische Amtshäuser
- Bahnhof-Strasse
- Rümlstr. Gasse
- Urania-Strasse
- Mühlesteg
- Bahnhof-Quai
- Limmat
- Quai
- Zähringer-Str.
- Seiler-Str.
- Kirschen-Graben
- Künstler-G.
- Künstler-Gasse
- Universität
- Thomas Mann-Archiv
- R. Brun-Brücke
- Mühle-Gasse
- Niederdorf-
- Zähring-Platz
- Brunn-G.
- Prediger-Kirche
- Florhof-G.
- Hirschen-Graben

C

- Sihl-Str.
- Serden-Gasse
- Renn-Weg
- Kuttel-G.
- Fortuna-G.
- Schipfe
- Linden-Hof
- Stüssi-Hofstatt
- Rindermarkt
- Neumarkt
- Augustiner-Gasse
- Pelikan-Strasse
- Augustiner-Kirche
- Rathaus-Brücke
- Mart
- Spiegel-G.
- Untere-Zäune
- Obere-Zäune
- Heim-Platz
- Museum der Zeitmessung
- St. Peter
- In Gassen
- Wein-Platz
- Rathaus
- Münster-G.
- Zwingli-Platz
- Kirch-G.
- Kunsthaus
- Kantonsschul-Str.
- Talacker
- Tal-Str.
- Parade-Platz
- Münster-Hof
- Zur Meisen
- Post-Str.
- Münster-Brücke
- Gross-münster
- Oberdorf-Str.
- Schauspielhaus
- Hirschen-Graben
- Zelt-Weg
- Promenade Gasse
- Hohe-Promenade
- Wohnmuseum
- Bleicher-Weg
- Stadthaus
- Frau Münster
- Wasser-Kirche
- Helmhaus
- Schifflände-Platz
- Rämi-Strasse

D

- Schanzengraben
- Claridon-Str.
- Tal-Str.
- Beethoven-Str.
- Börsen-Str.
- Stadthaus-Str.
- Stadthaus-Anlagen
- Bauschänzli
- Quai-Brücke
- Uto-Quai
- Bellevue-Platz
- Bahnhof Zürich-Stadelhofen
- Stadelhofer-Str.
- Mühle-bach-Str.
- Theater-Str.
- Falken-Str.
- Seefeld-Strasse
- Kongress-Haus
- Gotthard-Str.
- Bürkli-Platz
- Sechseläuten-Platz
- Goethe-Str.
- Theater-Platz
- Seehof-Str.
- Stocker-Str.
- General Guisan-Quai
- Schifflände Bahnhof-Str.
- Landungsstelle Theater
- Uto-Quai
- Opernhaus

Zürich-See

0   100   200 m

se trate de una oportunidad única para admirar la creación de una serie de artistas a quienes se dedican salas
especiales por la cantidad y calidad de las obras que se
exponen: A. Giacometti, Kandinsky, Munch…

▎CATEDRAL *(GROSSMÜNSTER)* ✶✶

Esta monumental iglesia comenzó a construirse en
el año 1100 y tardó más de un siglo en completarse.
Se ha comprobado que, bajo ella, existe una primera
construcción romana y un posterior oratorio de la época carolingia. Si sus naves interiores están conformadas
al modo románico y gótico, su fachada y las torres son
posteriores. Sus dos torres dominan la ciudad y presentan un estilo gótico, con alargados ventanales, y
con un remate en cúpulas. Una de ellas –llamada de
Carlomagno– permite el acceso para contemplar una
espléndida panorámica de la ciudad y su urbanismo.
También puede visitarse la cripta romana.

Su adscripción a la reforma protestante despojó el
templo de la mayoría de imágenes, que están conservadas en el Museo Nacional, pero restan los adornos
integrados en la arquitectura, como los bellísimos capi-
teles. Llaman la atención las vidrieras realizadas por A.
Giacometti, y las puertas de bronce de O. Münch, todo
ello añadido en el siglo XX. La catedral se sitúa en un
alto y desde su explanada exterior se contemplan muy
buenas vistas de toda la ribera izquierda.

- ● ● ● ● ● ● ● ● ●
- 🕐 C2, 104
- ✉ Zwingliplatz 7
- ☎ 44 250 66 51
- 🖥 www.grossmuenster.ch
- 🕐 En verano, de 10 a 18 h, hasta
  las 17 h en invierno.
- 💶 Gratuita

▼ El río Limmat, a su paso
   por Zúrich.

UN PASEO A PIE

Por Zúrich

▲ Arriba, una bicicleta frente a las inconfundibles torres de la catedral.

▌Aunque siempre podremos optar por realizar un recorrido en autobús turístico o en visita guiada, también es fácil organizar el paseo a nuestra medida. En este caso, no nos costará más de dos horas tener una buena panorámica general.

Un lugar perfecto para comenzar el recorrido es la Bahnhofplatz, donde se ubica la **estación central** (Hauptbanhnhof), un edificio emblemático. Justo detrás se halla el **Landesmuseum** (▶103). El jardín que le rodea, sobre un vértice de tierra, es donde se unen los ríos Limmat y Sihl.

▌De la fachada de la estación parte la **Bahnhofstrasse**, en buena parte peatonal. Es una de las principales calles de Zúrich, que fue trazada sobre la antigua muralla. Hoy día es un lugar de paseo plagado de tiendas lujosas, villas residenciales y famosas entidades bancarias.

Descendiendo por ella en dirección al lago, podemos tomar la Kutellgasse hacia la izquierda para ascender a uno de los emplazamientos de visita indispensable: la colina **Lindenhof**. Es una explanada donde se ubicaba el centro neurálgico de la ciudad romana y posteriormente de la medieval, tiempos de los que restan pocos vestigios y una preciosa leyenda: en 1292, ante un ataque a la ciudad de la casa Habsburgo, las mujeres se armaron y subieron a esta colina con la intención de defender la plaza con sus vidas. Ante tal valentía, el enemigo supuso que se enfrentaba a unas fuerzas superiores y huyó. La fuente que adorna la plaza (una copia de la original) es un homenaje a estas mujeres.

▼ Jardin Chino con su pagoda tradicional.

▌Desde la colina Lindenhof, corazón del casco antiguo, contemplamos una panorámica excelente de toda la ciudad, el río Limmat y el lago. Alrededor, una trama de callejones de evidente antigüedad nos llevará junto a la **iglesia de San Pedro** (▶108).

Ahora ya debemos descender de la colina orientándonos por la torre picuda de la **iglesia de Nuestra Señora** (▶108), otro de los importantes templos zurigueses en los que detenerse, situado en una plaza con otros valiosos y antiguos edificios, en este caso civiles.

▌La Bahnhofstrasse desemboca, a la vez que el río Limmat, ya junto al lago, en la **Bürkliplatz;** se trata de un amplísimo espacio adornado con la **fuente de Ganímedes** (de K. Geiser, 1952).

Los edificios que la rodean son majestuosos; destacan el de la Banca Nacional Suiza y el Auditorio de Música (*Tonhalle*). De ella sale el puente último que

▲ Ciclista por las calles de Zurich.

une la ribera izquierda y la derecha, llamado **Quai-Brücke**. Al cruzarlo para conocer la orilla derecha, el espectáculo nos impresionará en sus 360 grados.

❚ Si accedemos a la ribera derecha por este puente, podemos dar un paseo recorriendo todo el Limmat Quai, porque nos saldrán al paso una serie de lugares interesantísimos, además de que la vista hacia la orilla izquierda es muy bella.

A la altura del segundo puente se halla la **iglesia del Agua** (*Wasserkirche*), lugar que merece una parada (▶108). Más allá, el **Ayuntamiento** (*Rathaus*) es un edificio de finales del siglo XVII con un interior profusamente adornado. Entre el puente adyacente y el siguiente, en ambas orillas, varios edificios antiguos (de los siglos XVII en adelante) corresponden a las sedes de los viejos gremios profesionales.

❚ Enfrente del Ayuntamiento, por una pequeña travesía accedemos a la **catedral** (▶105), en una explanada con muy buenas vistas; otra visita absolutamente imprescindible.

Después conviene seguir la calle principal de este sector: la **Niededorf**, que sale del frente de la catedral. Es también peatonal y muy animada, repleta de lugares de diversión tanto diurna como nocturna.

❚ Una perpendicular a esta –a la altura de la catedral, por ejemplo– nos conducirá a Heimplatz, donde visitar el **Museo de Bellas Artes** (Kunsthaus) (▶103).

Tras este recorrido del núcleo histórico de Zúrich, no es mala idea regresar a los muelles y realizar una pequeña excursión por el lago, o bien arrimarse a los distritos más modernos, Kreis 4 y Kreis 5, donde la cultura *underground* y la virtual conviven con el turismo urbano.

⊠ 104, C1
⊠ St. Peter-Hofstatt 1
☎ 44 250 66 58
🔗 https://st-peter-zh.ch
🕐 Actualmente está cerrado por reformas.

⎮ IGLESIA DE SAN PEDRO (PETERSKIRCHE)   ***

El edificio más antiguo de Zúrich es esta pequeña iglesia, construida sobre una antigua paleocristiana. Ha sido varias veces reconstruida, la última, en el siglo xviii, respetando la simplicidad original, pero conserva algunos elementos arquitectónicos y ornamentales antiguos, como la sillería del coro (del siglo xv).

Lo más notable es su **torre** románica rematada en un tejado picudo, que ostenta el que se tiene por el mayor reloj de Europa: 8,7 m de diámetro. Se ve desde toda la ciudad, forma parte del bellísimo perfil de Zúrich. Son famosas también sus cinco campanas, muy antiguas, encargadas de dar la señal de alarma en siglos pasados.

Actualmente está cerrada por reforma. La fecha prevista de apertura es octubre de 2025.

🕐 104, C1
⊠ Münsterhof 2
☎ 44 250 66 73
🔗 https://fraumuenster.ch
🕐 En invierno de 10 a 17 h; en verano de 10 a 18 h
🎟 5 CHF

⎮ IGLESIA DE NUESTRA SEÑORA (FRAUMÜNSTER)   **

Se sabe que sus bases corresponden a un convento de Madres Agustinas fundado en el año 853 por Ludovico el Grande (nieto de Carlomagno) para sus hijas. Una de ellas, llamada Hildegard, ejerció su poder sobre la ciudad, ya que fue abadesa y este puesto suponía enorme influencia.

Sobre esta construcción –cuyos restos se ven en la parte baja de los muros– se edificó entre el siglo xii y el xiv la actual iglesia gótica. Sufrió una reconstrucción en el siglo xviii. El interior presenta tres naves y un más que interesante coro románico. Además, las vidrieras de Chagal y Giacometti añaden elementos de modernidad perfectamente integrados.

⊠ Limmatquai, 31
☎ 44 250 66 50
🕐 De 14 a 17 h, cierra lunes

⎮ IGLESIA DEL AGUA (WASSERKIRCHE)   **

Esta iglesia encantadora, construida entre los años 1479 y 1494 en estilo gótico tardío sobre otra más antigua (existen documentaciones del 1250 que la citan), debe su nombre a que estuvo prácticamente rodeada de agua hasta que se le dotó de un puente sobre el río Limmat.

Según la tradición, fue el sitio donde los romanos ejecutaron a los patronos de la ciudad, los santos Félix y Régula. En la cripta pueden verse las antiguas piedras donde fueron sacrificados. La misma tradición asegura que ellos, moribundos, se arrastraron unos cientos de metros hasta el lugar donde más tarde se edificó la catedral de Zúrich.

Los reformadores la convirtieron temporalmente en biblioteca, pero más tarde, tras una reconstrucción en el siglo xx, volvió a su primigenio uso religioso. Además de que el lugar es idílico, la iglesia conserva unas preciosas vidrieras de A. Giacometti.

▮ MUSEO RIETBERG ✱

Esta estupenda colección artística fue fundada por el millonario E. van der Heydt en 1952, y posteriormente enriquecida con diversas aportaciones. Atesora unos fondos importantísimos –casi 7 000 objetos, pinturas, iconos…– de arte no europeo, con la presencia de creaciones de China, Japón, África, Oceanía o India. Exhibe incluso muestras de arte de la América precolombina. El museo está situado en tres edficios rodeados de jardines, el **Rieterpark,** en la orilla izquierda del lago, y presididos por una estatua de Buda.

✉ Gablerstrasse 15
☎ 44 415 31 31
🖥 https://rietberg.ch
🕐 De 10 a 17 h, hasta las 20 h los miércoles, cierra lunes
🎟 18 CHF, 14 CHF reducida; gratuita para menores de 16 años. Colecciones: 14 y 12 CHF

▮ PARQUE ZOOLÓGICO DE ZÚRICH
(*ZOOLOGISCHER GARDEN*) ✱✱✱

Se trata de uno de los parques zoológicos más famosos del mundo. Aunque un poco alejado del centro, en el barrio residencial Zürichberg, es imprescindible la visita a este espacioso jardín que aúna exhibición, investigación y recría de especies, sobre todo si se viaja con

✉ Zürichbergstrasse 221
☎ 44 254 25 00
🖥 www.zoo.ch
🕐 De 9 a 18 h (invierno, de 9 a 17 h)
🎟 30 CHF adultos; 25 CHF de 16 a 20 años; 16 CHF de 6 a 15 años; reducida para discapacitados, familias y grupos. Gratis para menores de 6 años

niños. Pueden verse cerca de 4.000 animales (de 340 especies distintas) en todo tipo de medios adecuados a su mejor calidad de vida y contemplación por parte de los visitantes: reproducción de ambientes tanto terrestres como marinos y mucha otras curiosidades del mundo natural.

Una de las zonas más interesantes es la que se llama *Masoala Regenworld*, que recrea un área natural de vegetación selvática propia de Madagascar, en una superficie de 1.000 m², y ha sido distinguida por la UNESCO con el calificativo de Patrimonio de la Humanidad.

▲ Zoo de Zúrich, uno de los más completos del mundo.

▮ BAHNHOFPLATZ ✳

Punto clave del tráfico de la ciudad, la plaza está dominada por el cerrado edificio de la **Hauptbahnhof,** estación ferroviaria construida en 1865-1871 y recientemente restaurada. Hay un mercado los miércoles y es muy pintoresco en Navidad porque colocan un árbol de cristal Swarovski. Todo el año se puede admirar *El ángel custodio* de Niki de Saint-Phalle. Delante está el *monumento a Alfred Escher,* de 1889, promotor de la línea ferroviaria del San Gotardo.

◀ Centro histórico de Zúrich, una de las ciudades más cosmopolitas de Suiza.

▮ UNIVERSITÄT DES KANTONS ZÜRICH ✳

La Universidad de Zúrich, fundada en 1832, es una de las más importantes de Suiza. La Universidad y el vecino **Eidgenössische Technische Hochschule** (Politécnico Federal) se alzan en la colina que domina la orilla oriental del Limmat. El edificio principal se levantó en 1914. En los distintos cuerpos están instalados algunos museos gratuitos.

En el número 69 de Rämistrasse puede verse el **Medizinhistorisches Museum der Universität,** actualmente cerrado, dedicado a la historia de la medicina, con instrumentos quirúrgicos antiguos y modelos anatómicos de los siglos XVII-XIX. Junto a la Universidad, un sencillo palacete de 1665 aloja el **Thomas Mann-Archiv der ETH,** con la reconstrucción del estudio de la villa de Klichberg, junto a Zúrich, donde el escritor alemán murió en 1955.

Medizinhistorisches Museum der Universität
- Ramistrasse 69
- 44 635 05 00
- www.uzh.ch
- Actualmente está cerrado. Llamar antes de hacer una visita

Thomas Mann-Archiv der ETH
- Rämistrasse 101
- 44 632 40 45
- https://tma.ethz.ch
- Museo: de 10 a 17 h

▮ WEST ZÜRICH ✳✳✳

A golpe de tranvía o autobús se encuentra este barrio en el que se ha puesto en marcha, hace una década, un interesantísimo proyecto: la revitalización de la zona reutilizando los edificios que albergaban las grandes industrias establecidas en él en el siglo XIX, hoy día en desuso. Sin tocar su aspecto externo, en estos edificios vacíos –y bajo los arcos del viaducto contiguo– se han instalado pequeños museos vanguardistas, galerías comerciales, boutiques de diseño, cines, bares de copas y toda una serie de atracciones que han convertido el lugar en una concurrida zona de "marcha" y diversión nocturna de Zúrich.

La metamorfosis de la zona comenzó en los años 90 con la transformación de una gran fábrica de cerveza (en el nº 270 de Limmatstrasse) en un complejo dedicado al arte contemporáneo. Numerosas galerías se apuntaron, y fueron seguidas por sedes de importantes instituciones culturales, que han venido a instalarse aquí: la **Kunsthalle** y el **Migros Museum,** propiedad de una gran cadena de supermercados. Ambos espacios ofrecen exposiciones durante todo el año. El otro gran reclamo del barrio lo constituye el **Schauspielhaus,** teatro instalado en un antiguo astillero (Rämistrasse 34), donde también se sitúa el restaurante de diseño **La Salle.**

Kunsthalle
- Limmanstrasse 270
- 44 272 15 15
- www.kunsthallezurich.ch
- De 11 a 18 h, jueves hasta las 20 h, lunes cerrado
- 12 CHF adultos; reducción a 8 CHF; hasta 16 años, gratuito

Migros Museum
- 44 277 20 50
- De 11 a 18 h, jueves hasta las 20 h, lunes cerrado
- https://migrosmuseum.ch

Winterthur

▲ Detalle de una ventana antigua.

En el cantón de Zúrich, a menos de 30 km de esta ciudad, se sitúa otra notable urbe suiza, capital del distrito del mismo nombre. Su nombre procede del latín *(Vitudrum)*, ya que fue un asentamiento romano, aunque se ha comprobado la existencia de población desde la Edad del Bronce gracias a vestigios descubiertos en las excavaciones arqueológicas.

La ciudad actual se fundó en el siglo XII por iniciativa de la casa de los Kyburgo; de esta época se conserva el escudo de la ciudad: dos leones rojos y una diagonal plateada.

Conoció un ambicioso desarrollo industrial en los siglos XIX y XX, pero en la actualidad su principal fuente de ingresos son los servicios. Hoy día, lo que fueron zonas fabriles se han convertido en centros de cultura y arte.

Su calle principal, la **Marktgasse**, es el eje central del casco antiguo, reservado a los peatones. Muchas notables mansiones de factura barroca y neoclásica asombran al paseante y le dan a la ciudad un ambiente inconfundible. Entre estos edificios de la calle Marktgasse sobresalen, como las más antiguas que perviven, la **Haus zur Geduk** (siglo XVII) y la llamada **Waaghaus** (siglo XVI). Cerca, en la misma calle, se ubica el Ayuntamiento (**Rathaus**), del siglo XVI, donde se aloja el **Museo Briner und Kern**, dedicado a los pintores holandeses del siglo XVII, muy interesante.

Una amplia avenida llamada **Stadhausstrasse**, con magníficas construcciones del siglo XIX como la estación de trenes –**Bahnhofgebäude**– y la central de Correos –**Hauspost**–, da idea del impulso económico y técnico vivido por la ciudad en el siglo citado y hasta los años ochenta del siglo XX. Otras de las felices secuelas de este florecimiento industrial y tecnológico lo constituyen su **Universidad Técnica** y el **Museo Tecnológico Technorama**, una impresionante exposición muy didáctica e interactiva, muy adecuada para niños y adolescentes, en la que cientos de escenarios científicos convierten al visitante en investigador en cualquier rama del conocimiento humano. Los adultos no lo disfrutarán menos.

De obligada visita para los aficionados al arte es el **Kunstmuseum** (Museo de Bellas Artes), que cuenta con una exposición estable de sus amplios fondos pictóricos. Sobresale en la colección la representación del impresionismo y, en general, de los dos últimos siglos.

Otro de los museos más notables de la ciudad es llamado **Oskar Reinhart Museum** (cerrado temporalmente). Se trata de una colección privada, donada por el artista de quien lleva el nombre, que posee cerca de seiscientas obras de arte europeas de los siglos XVIII al XX, con especial presencia de artistas alemanes, suizos y austriacos.

Entre las referencias europeas para gente aficionada a la fotografía sigue escalando puestos **Fotomuseum**, instalado en una vieja fábrica donde cuelgan trabajos fundamentales de Lewis Baltz, Nan Goldin o clásicos de Bill Brandt o Dorothea Lange. Sus expostemporales lo hacen aún más interesante. Fotostiftung Schweiz (fundación suiza de fotografía) se encarga de actividades del centro. Actualmente está cerrado por reforma. Se preve que abra de nuevo sus puertas en la primavera de 2025.

Paseando por esta ciudad conquistada por el arte, encontraremos un sinnúmero de talleres de artistas, y también varios teatros prestigiosos que dan fe de una potente vida cultural. No es casual que Winterthur sea calificada como "la ciudad de los museos", aunque también podría llamarse la ciudad de los jardines, por el número y belleza de sus parques, que armonizan con las suaves colinas que la rodean.

Museo Tecnológico Technorama

✉ Technoramastrasse 1
☎ 52 244 08 44
🕐 www.technorama.ch
🕙 De 10 a 17 h
🎫 33 CHF y descuentos. 21 CHF de 6 a 16 años y menores de 6 años gratis

Fotomuseum

✉ Grüzenstrasse 44-45
☎ 52 234 10 60
🕐 www.fotomuseum.ch
⊚ Actualmente está cerrado por reforma

▼ Iglesia de Winterthurn.

UNA EXCURSIÓN

A Baden

Langmatt Museum - Villa Langmatt

✉ Römerstrasse 30
☎ 56 200 86 70
🌐 www.langmatt.ch
⏰ Museo y villa permanecerán cerrados hasta la primavera de 2026 debido a obras de rehabilitación

Teddy Baer Museum

✉ Obere Halde 24
☎ 56 221 21 04
🌐 www.teddybaermuseum.ch
⏰ Abierto sábados y domingos de 14 a 17 h

Atrium Hotel Blume (Balneario,**)**

✉ Kurplatz, 4
☎ 56 200 02 00
🌐 www.blume-baden.ch

ThermalBaden-Hallenbad (Piscina cubierta)

✉ Pfisterstrasse 1
☎ 56 200 91 00
⏰ Lunes de 12 a 21 h, martes y jueves de 6 a 21 h, miércoles y viernes de 9 a 21 h, sábados y domingos de 9 a 18 h
💰 6 CHF

Info Baden

✉ Bahnhofplatz 1
☎ 56 200 15 30
🌐 www.baden.ch

Sin que haya perdido su etiqueta de ciudad balneario, en esta pequeña ciudad vecina de Zúrich (24 km) conviven la industria y la cultura a partes iguales.

La fama de sus aguas termales se remonta a la dominación romana; ya entonces se conocían sus virtudes terapéuticas –muy indicadas para la artritis, el reúma, la circulación, la piel, etc.– y aparece en los documentos antiguos citada con el nombre latino: *Aquae Helvetiae*. Sus 19 manantiales de agua a 47 ºC, con un alto contenido mineral constituyen una fuente de salud, relax y placer que atraen a numerosos visitantes, tanto personas mayores como jóvenes. Existen tanto baños públicos como privados en los centros balnearios.

La ciudad que hoy podemos visitar conserva en su parte alta dos castillos medievales, restos de ruinas romanas y una profusión de edificios de factura gótica y barroca que le dan un empaque muy singular. También en el casco antiguo se conserva el primer balneario.

El centro de los balnearios está a las afueras; hermosas mansiones decimonónicas, que albergaron a notables familias y visitantes ilustres, son ahora residencias rodeadas de parques. Esta zona, donde también se ubica el **Grand Casino Baden**, se comunica con el casco antiguo por una avenida –la **Badstrasse**– en la que podemos encontrar todo tipo de comercios.

Aunque la principal intención de quien se acerca a Baden es disfrutar de sus balnearios, la ciudad cuenta con una interesante vida cultural y algunos museos muy notables, como el **Museo Langmatt** (cerrado por obras de rehabilitación hasta la primavera de 2026), ubicado en una preciosa casa que merece por sí misma una visita.

El museo, propiedad de una fundación privada, expone señaladas obras pictóricas del impresionismo francés, así como de las vanguardias del siglo xx y mobiliario de época.

Si viajamos con niños, es obligado acercarnos al **Museo del Osito Teddy** (Teddy Baer Museum). Quienes prefieran conocer la arquitectura industrial, deber tomar el sendero que transcurre por las valiosas construcciones históricas industriales de esta región, entre Wettingen y Brugg.

Para una estancia corta y no muy cara, se aconseja usar la piscina cubierta pública **(Hallenbad)**, situada en un complejo deportivo y recreativo con cafetería, piscina con el agua a 36 ºC equipada con chorros de masaje, zona infantil, gimnasio y todo tipo de ofertas interesantes.

▶ Vista del casco antiguo de Baden.

Dónde...

Alojarse

Los hoteles suizos son bastantes caros, pero dispensan un excelente servicio. Resultan más económicos si se contratan en paquetes turísticos. En algunas ciudades pueden cobrar, además del precio de la habitación, una tasa turística aparte (2,5 CHF, aprox.).

Un dato que revela la calidad de los hoteles suizos es que la gran mayoría de ellos, independientemente de su categoría, están preparados para acoger a personas con minusvalías, habiendo eliminado barreras arquitectónicas en sus diseños.

Albergues
Suiza cuenta con una amplísima red de albergues juveniles donde se pueden encontrar habitaciones colectivas o privadas –incluso con baño– a muy buen precio: a partir de 30 € es posible encontrar una litera. A pesar de su nombre, los adultos también pueden alojarse si sobra sitio, lo que es común porque son bastante grandes. Es conveniente informarse previamente e incluso reservar alojamiento por internet.
Los albergues de montaña son también muy numerosos, pues las zonas alpinas reciben muchos turistas enamorados de la naturaleza.
 www.youthhostel.ch.

Bed & Breakfast:
Una opción muy solicitada, y no solo en zonas rurales. En pequeñas comunidades cercanas a zonas de interés turístico, algunos propietarios alquilan habitaciones con baño; las amplias casas rurales, además de que suelen ser preciosas, tienen espacio suficiente para alojar a visitantes. Esta modalidad supone la convivencia con familias que ofrecen alojamiento y desayuno, y disfrutar de su hospitalidad.
 www.bnb.ch

Alojamientos originales
Otra opción que también es posible en Suiza es el alojamiento en granjas, donde se convive con los granjeros y se participa en actividades en la naturaleza, como montar a caballo, conocer y participar en las labores agrícolas, etc. Es una posibilidad especialmente atractiva para familias con niños, que disfrutarán mucho del trato con animales y de la vida campestre más auténtica. Entre los alojamientos más insólitos están los que ofertan dormir en establos, sobre la paja. Los jóvenes y excursionistas amantes de lo rústico lo encontrarán encantador, además de baratísimo, tranquilo y excitante. Estas son unas páginas web que se pueden consultar:
 www.agrotourismus.ch,
 www.schlaf-im-stroh.ch.

Precios
Usaremos esta clasificación de precios por habitación doble:

E: Económico. Una-dos estrellas (*): menos de 200 CHF
M: Dos y tres estrellas: entre 200 y 300 CHF
C: Cuatro y cinco estrellas: más de 300 CHF
Es aconsejable consultar al efectuar la reserva, porque no coinciden las horas a las que se debe dejar libre la habitación, aunque suele ser entre las 11 y las 13 h.

Basilea
***Hotel Krafft (M)
Se encuentra muy bien situado en la orilla del río, junto al puente Mittlere Brücke. Las habitaciones que dan al Rhin gozan de unas vistas estupendas, y su informalidad, de estudiado diseño, pretende captar clientela joven, urbana y habituada a viajar.

 Rheingasse 12
61 690 91 30
www.krafftbasel.ch

***Hotel Rochat (E)

Situado también en la parte antigua de Basilea, este sencillo hotel está instalado en un edificio de estilo que cuenta con un agradable jardín. Ofrece las comodidades habituales a un precio asequible.

Petersgraben 23
61 261 81 40
www.hotelrochat.ch

Berna

*****Schweizerhof Hotel (C)

Este lujoso hotel está situado frente a la estación central, y representa el lujo y la gama alta de los servicios hoteleros suizos, persiguiendo un ambiente clásico y confortable desde la entrada hasta la última de las habitaciones, su spa o la terraza de su azotea.

Bahnhofplatz 11
31 326 80 80
https://schweizerhofbern.com

***Hotel Goldener Schüssel (E)

En pleno centro del casco antiguo, es un hotel renovado y mejorado hace poco tiempo. Tiene la ventaja de su situación privilegiada y es cómodo, aunque las habitaciones no son muy grandes debido a que el edificio es antiguo y adaptado su interior.

Rathausgasse 72
31 311 02 16
www.goldener-schluessel-bern.ch

Interlaken

*Hotel Alplodge (E)

Un pequeño y económico hotel muy céntrico, adecuado para estancias familiares. No es un lugar para buscar lujos, pero es correctísimo.

Marktgasse 59
33 822 47 48
www.alplodge.com

**Hotel Blume (M)

Céntrico. Es otro hotel de precio razonable, pequeño, familiar y alegre.

Jungfraustrasse 30
33 822 71 31
www.hotel-blume.ch

Ginebra

****Eastwest Hotel (M)

Maravillosa y detallista fusión de oriente y occidente en pleno centro urbano, junto a los farolillos rojos y las calles más ardientes de la ciudad. El lujoso boutique hotel ha encontrado una ubicación tranquila e ideal para comprender Ginebra en toda su dimensión.

Rue des Pâquis 6
22 708 17 17
www.eastwesthotel.ch

****Hotel Edelweis (M)

Muy cerca del lago Lemán, y a poca distancia de los lugares más relevantes, este ho-

tel de categoría media ostenta una decoración de estilo alpino dentro de un antiguo edificio muy interesante. Se trata de una opción de alojamiento recomendable.

Place de la Navigation 2 bis
22 544 51 51
www.hoteledelweiss geneva.com

***Hotel Suisse (E)

Está situado en la misma plaza de la estación de ferrocarril y en pleno centro comercial de la ciudad, lo que le da muchas ventajas. Con precio adecuado y buen servicio, en un notable edificio renovado en su interior.

Place Cornavin 10
22 732 66 30
www.hotel-suisse.ch

Lucerna

****Hotel Cascada (M)

Establecimiento situado a 10 minutos de la estación de tren, alejado del meollo turístico, aunque no pierde comba gracias a sus cuidadas y modernas habitaciones, y su restaurante de inconfundible sabor español, Bolero. Ideal para viajeros independientes que disfrutan dentro y fuera del hotel.

Bundesplatz 18
41 226 80 88
www.cascada.ch

****Hotel des Balances (C)

Con diversidad de categoría (y de precios) en las habitaciones que oferta, este hotel está ubicado en pleno centro y en una antigua casa. Por un costado, presenta hacia la ciudad una fachada bellamente decorada; por el otro, sus habitaciones se abren sobre el río. El lugar no puede ser más bello y tranquilo. Merece la pena, a pesar de que no será el más barato.

✉ Weinmarkt
☎ 41 418 28 28
🌐 www.balances.ch

**Hotel Goldener Stern (E)

Situado en el casco antiguo de la ciudad, cerca de todos lados, este pequeño hotel de estilo familiar y siglos de antigüedad es muy agradable. Ideal para viajar en familia, adapta las habitaciones al cliente (camas supletorias, etc.). Está muy solicitado también por jóvenes viajeros. Buena relación calidad-precio.

✉ Burgerstrasse 35
☎ 41 552 33 87
☎ 41 210 99 99 (Stern Bar)
🌐 www.sternluzern.swiss

Lugano

*****The View Hotel (C)

Con unas vistas que hacen gala de su nombre, se podría decir que Lugano se entiende de manera diferente cuando te alojas en una de sus lujosas habitaciones. Si no prestaran bicis o coches eléctricos a sus clientes, no saldrían del hotel, de puro placer. Los precios son bastante elevados.

✉ Via Guidino 29
☎ 91 210 00 00
🌐 www.theviewlugano.com

***Hotel International Au Lac (M)

Es un clásico en estilo, decoración y servicio, situado junto al embarcadero del lago. Con más de cien años de historia, está a cargo de la familia Schimd desde hace décadas. Cuenta con 80 habitaciones, piscina y un estupendo restaurante.

✉ Via Nassa 68
☎ 91 922 75 41
🌐 www.hotel-international.ch

**Hotel San Carlo (E)

En segunda línea, pero también muy cerca del lago está este pequeño hotel tradicional, ubicado en una de las calles más comerciales del centro de la ciudad y cerca de todos los medios de comunicación.

✉ Via Nassa 28
☎ 91 922 71 07
🌐 www.hotelsancarlo lugano.com

Zúrich

*****Hotel Baur Au Lac (C)

Se trata de un impresionante hotel situado en un no menos fantástico entorno: porches columnados, jardines, terrazas, junto al lago. El interior presenta también una lujosa decoración. Posee una larga tradición –con más de 150 años de existencia–, por lo que es uno de los hoteles más reputados de Zúrich. El precio también es de lujo.

✉ Talstrasse 1
☎ 44 220 50 20
🌐 www.bauraulac.ch

****Hotel Seidenhof (C)

Se trata de un hotel pequeño, con habitaciones más que suficientemente dotadas y de precio adecuado. Se encuentra situado cerca de la estación central, en la zona comercial de Zúrich, ideal para pasear por las arterias principales e ir de compras. En su decoración presenta cierto estilo zen, su restaurante oferta cocina oriental.

✉ Sihlstrasse 9
☎ 44 228 75 00
🌐 https://hotelseidenhof.com

***Hotel Plattenhof (M)

Hotel de diseño sin caer en pretensiones lujosas, bien situado entre la universidad y la estación central, con ambiente viajero en sus zonas comunes y con habitaciones tranquilas y muy cuidadas. Su falta de aire acondicionado lo hace más barato, cosa que puede ser beneficiosa.

✉ Plattenstrasse 26
☎ 44 251 19 10
🌐 https://plattenhof.ch

Comer y tomar copas

Teniendo en cuenta que los restaurantes suizos resultan relativamente caros, también hay que considerar que su calidad media es muy alta en todos los sentidos, incluyendo el servicio y la limpieza.

La larga tradición turística ha ido creando una amplísima red de recursos de restauración para el visitante, en la que encontraremos la oferta que más nos conviene en cada momento.

En general, los grandes hoteles cuentan también con estupendos restaurantes acordes con su categoría. Por su parte, los barcos que realizan travesías por los lagos ofertan restauración opcional (de precios variados) que conviene consultar previamente.

Habrá que tener en cuenta, en muchos casos, que las horas de comida y cena son más tempranas que en España, y solo algunos establecimientos amplían sus horarios más allá de sus costumbres. De todos modos, siendo Suiza un país que recibe muchos turistas, siempre encontraremos locales abiertos. No obstante, es prudente consultar horarios y días de cierre si queremos reservar mesa en alguno de los restaurantes más famosos.

Además de los restaurantes tradicionales y los conocidos internacionalmente de comida rápida, proliferan los pequeños restaurantes de comida oriental, más baratos y también muy interesantes. Es muy popular la comida indonesia, tailandesa, turca... De hecho, veremos muchas veces, en la calle y en los parques de las ciudades, a los trabajadores suizos que aprovechan su hora libre para consumir algún menú de comida para llevar. Podemos seguir su ejemplo. Otra opción muy socorrida es

acudir a los exquisitos bocadillos que se pueden adquirir en muchos comercios de alimentación, panaderías y confiterías, confeccionados con un extenso surtido de panes y rellenos de fiambres, quesos, ensaladas y hierbas, riquísimos y muy alimenticios. Salvo excepciones muy contadas, los locales nocturnos cierran sus puertas antes que en los países mediterráneos. No obstante, los horarios concretos, así como los días de apertura y los programas de espectáculos, aparecen en las páginas de internet y lo aconsejable es consultar o pedir reserva antes de nuestra visita.

Basilea

Restaurante Les Trois Rois (C)
El hotel del mismo nombre cuenta con una oferta de restauración fantástica –con la tradición de un negocio de más de trescientos años– que satisfará a los amantes de la nueva cocina tanto como a los que deseen probar la mejor cocina suiza. Los ambientes son lujosos y la vista sobre el río, inmejorable. En temporada alta conviene reservar.

✉ Blumenrain 8
☎ 61 260 50 50
🌐 www.lestroisrois.com

Restaurante Tibits (E)
Para los que prefieran comida vegetariana, esta es una cadena muy aconsejable de tipo bufé. La cocina que ofrece es de primera calidad y muy variada. Sus postres tiene mucha fama.

✉ Stanzlergasse 4
☎ 61 205 39 99
🌐 www.tibits.ch

Bar Rouge (M)
Es una discoteca coctelería, con carta de cena y snacks, que presenta música en vivo de varios estilos, desde el jazz y el latino a otros para todos los gustos.

✉ Messeplatz 10
☎ 61 361 30 31
🌐 www.barrouge.ch

Berna

Restaurante Kornhauskeller (C)
En un antiguo y notable edificio del casco antiguo –que fue granero en el siglo XVIII–se ubica este restaurante tradicional, de estupenda situación. Tiene un sótano abovedado muy bonito y la decoración conserva el es-

tilo popular. Cocina tradicional suiza, que es su especialidad. Merece la pena visitarlo, aunque sea para tomarse una cerveza al atardecer.

✉ Kornhausplatz 18
☎ 31 327 72 72
🌐 https://kornhaus-bern.ch/

Café des Pyrenees (E)

Enfrente del anterior, en esta calle llena de terrazas, existe esta opción más barata, en la que encontraremos berneses y extranjeros. Es un lugar agradable con buen servicio.

✉ Kornhausplatz 17
☎ 31 311 30 63
🌐 www.cafedespyrenees.ch

Restaurante Schwellenmätteli (C)

Ubicado sobre una presa del río Aare, en su parte más ancha, este restaurante que cuenta con terraza, salas cubiertas y pequeño parque es un lugar cuyo lujo principal es el entorno: uno parece estar en una pequeña isla junto al salto de agua de la presa, los bosques de las riberas…

No es barato, pero se come excelentemente y merece la pena en todos los sentidos. También ofrece actuaciones musicales en las noches de fin de semana.

✉ Dalmaziqual 11
☎ 31 350 50 01
🌐 www.schwellenmaetteli.ch

Restaurante Wein und Sein (M)

En pleno barrio antiguo y una de sus calles más bonitas, está situado este agradable restaurante ya muy conocido, que oferta menús muy variados a precio ajustado a su buena calidad. El ambiente y el servicio son inmejorables.

✉ Münstergasse 50
☎ 31 311 98 44
🌐 https://weinundsein.ch/

Casino Kursaal (C)

En realidad se trata de un complejo que comprende restaurante, cafetería-pub , casino de juego y discoteca. O sea: todas las opciones, en un lugar elegante y muy famoso, céntrico y exclusivo.

✉ Kornhausstrase 3
☎ 31 339 55 55
🌐 www.grandcasino-bern.ch

Bar Tredicipercento (E)

En uno de los encantadores sótanos de las arcadas de Berna se encuentra este bar, especializado en vinos suizos, muy frecuentado por todo tipo de público. Muy recomendable.

✉ Rathausgasse, 25
☎ 31 611 80 31
🌐 https://tredicipercento.ch/

Silo Lounge Bar (E)

Junto al río, en el singular barrio de los artistas, este club ofrece música y una buena copa. Especialmente aconsejable para las noches de verano.

✉ Mühlenplatz 11 (Barrio Matte)
☎ 76 322 04 49
🌐 http://siloloungebern.ch/

Ginebra

Restaurante "Le Parc des Eaux Vives" (C)

Un impresionante edificio secular ocupa la parte alta del precioso parque del mismo nombre. Es un hotel muy exclusivo que abre a todo el público varios restaurantes de primera calidad: cocina francesa, *brasserie*… Aparece en la Guía Michelin debido a la excelencia de su cocina. El panorama es de lujo: el parque, el cercano lago Lemán…

✉ Quai Gustave-Ador 82
☎ 22 849 75 75
🌐 www.parcdeseauxvives.ch

Café Papon (E)

En pleno casco antiguo, este restaurante –cuya historia se remonta dos siglos atrás– no se olvida de los sabores y gustos de los nuevos tiempos. No obstante, tanto el notable edificio como la decoración interior hacen honor a su pasado. Es un buen lugar para concedernos un descanso en los paseos por Ginebra.

✉ Rue Henri-Fazy 1
☎ 22 311 54 28
🌐 www.cafepapon.ch

Cervecería Les Brasseures (E)

Muy cerca de la estación encontramos este restaurante-cervecería con una buena carta asequible y excelentes cervezas de confección propia, artesana. La cocina es sencilla, de influencia francesa, y de calidad más que suficiente.

✉ Place de Cornavin 20
☎ 22 731 02 06
🖱 www.les-brasseurs.ch

Café du Marché (M)

Como en el barrio de Carouge, merece un paseo para contemplar su ambiente mediterráneo, sus tiendas artesanas y casas de dos plantas, se aconseja tomar una comida en un lugar céntrico de la zona, que oferta comida casera a buenos precios. Si hace buen tiempo, la terraza permite apreciar mejor el ambiente.

✉ Place du Marché 4, Carouge
☎ 22 827 16 96
🖱 www.cafedumarche carouge.com

Arthur's Club Rivegauche (C)

Es una discoteca que sirve cenas, y lugar donde tomar una copa, famosa por su selecta coctelería y situada junto al río. La terraza resulta ideal para una *soiré* tranquila y distinguida, contemplando el agua y las luces de la ciudad.

✉ Rue du Rhône 7-9
☎ 22 810 32 60
🖱 www.arthurs.ch

Chat Noir Club (M)

En e barrio de Carouge, este bar tiene a gala acoger música en vivo de varios estilos pero siempre de primera calidad. El ambiente es distendido, muy agradable. Sirven platos estupendos para cenar.

✉ Rue Vautier 13, Carouge
☎ 22 307 10 40
🖱 www.chatnoir.ch

Lucerna

Restaurante Old Swiss House (C)

El edificio se remonta a principios del siglo XIX, y conserva todo el estilo, hermosas fachada y decoración interior. Está especializado en la cocina suiza con toques creativos y es muy notable su bodega de vinos. El precio, que es algo elevado, está de acuerdo con la calidad. Su situación, cerca del famoso monumento del León Herido, es excelente. Muy frecuentado por visitantes, conviene reservar mesa.

✉ Löwenplatz 4
☎ 41 410 61 71
🖱 www.oldswisshouse.ch

Hotel Restaurant Anker (C)

En un ambiente *trendy*, muy urbano, el hotel homónimo dispone de un servicio de grill, bar con menús y especialidades en carnes a la parrilla y carta de guarniciones. Ambiente distendido, fotomatón para clientes. Gente joven.

✉ Pilatusstrasse 36
☎ 41 220 88 00
🖱 www.hotel-restaurant-anker.ch

Schiffrestaurant Wilhelm Tell (M)

Ofrece una de las opciones más agradables para el visitante, dado que permite combinar una buena comida en un barco de vapor como los de Nueva Orleans –aunque a motor– que flota en el lago, aparcado en el muelle, con una espléndida vista sobre el paisaje.

✉ Landungsbrücke 9
☎ 41 410 23 30
🖱 https://schiff restaurant.ch/

Suite Rooftop Bar & Lounge (M)

Se trata de un lugar céntrico y relajante, con una vista fantástica sobre la ciudad –céntrico– desde lo alto, especialista en coctelería exótica y tradicional. Música en directo durante los fines de semana y su ambiente es selecto.

✉ Pilatusstrasse 1
☎ 41 210 21 31
🖱 https://suite-r ooftop.ch/

Lugano

Restaurante Moncucchetto (C)

Andrea Muggiano es la que ha hecho posible esta exquisita comida que interpreta la cocina tradicional de una manera muy personal. El restaurante se encuentra en las bodegas Moncucchetto, pertenecientes a la familia Lucchini , y se halla rodeada de viñedos y un bello entorno.

 Via Marietta Crivelli Torricelli 27

☎ 91 967 70 63

🕐 https://moncucchetto.ch

Restaurante GrottoMorchino (M)

Agradable restaurante situado en un entorno tranquilo y natural. Ofrece cocina tradicional italiana. La comida, excelente, y el trato amable.

✉ Via Carona 1. En Pazzallo

☎ 91 994 60 44

🕐 https://grottomorchino.ch/

Zúrich

Restaurante Haus Hilt (M)

Céntrico y asequible, ofrece comida vegetariana y oriental y todo tipo de zumos recién hechos. Presume con razón de ser uno de los vegetarianos más antiguos, abrió en 1898.

✉ Sihlstrasse 28

☎ 44 227 70 00

🕐 https://hiltl.ch/

Restaurant Adler's Swiss Chuchi (M)

En la zona peatonal antigua, es un excelente lugar para probar algunos platos típicos de la zona como la *fondue*, la *raclette* o el *rösti*. En verano coloca su terraza, que añade ambiente al popular barrio.

✉ Rosengasse 10

☎ 44 266 96 96

🕐 https://hotel-adler.ch

Restaurante Drei Stuben (M)

Está especializado en cocina popular suiza y ofrece creativas y suculentas interpretaciones. Es un restaurante con tres salas y una terraza muy concurrida por su excelente relación calidad y precio.

✉ Beckenhofstrasse 5

☎ 44 350 33 00

🕐 www.drei-stuben.ch

Restaurante Zeughauskeller (C)

El edificio es impresionante y data del siglo xv. Elegantemente decorado, situado en una de las calles más céntricas de la ciudad, oferta una cocina tradicional con toques internacionales muy cuidada

y excelente servicio. Como es muy frecuentado por su merecida fama, conviene reservar mesa.

✉ Bahnhofstrasse 28 A

☎ 44 220 15 15

🕐 www.zeughaus keller.ch

Kaufleuten Club (C)

Se trata del club más internacional de la ciudad, donde acuden los famosos de visita en Zúrich. Cuenta con restaurante, terraza, una sala de espectáculos que ofrece atracciones de primera línea, etc. Todo ello decorado con el gusto y el lujo que cabría esperar.

✉ Pelikanplatz 18

☎ 44 225 33 00

🕐 https://kaufleuten.ch

Jules Verne Panorambar (M)

Muy cerca de la estación central de trenes encontramos este bar que es a la vez lugar de copas y *brasserie* de ambiente muy familiar. Atiende también las necesidades de los pequeños. Se ubica en el observatorio astronómico, y ofrece una vista de los tejados de Zúrich que nos encantará.

✉ Uraniastrasse 9

☎ 43 888 66 67

🕐 www.jules-verne.ch

▌Ir de compras

Suiza puede ser el paraíso de las compras si el bolsillo nos lo permite. Casi todas las grandes ciudades poseen calles comerciales dedicadas a la moda, las joyas, la relojería, las antigüedades y, por supuesto, a los productos más típicos y genuinos del país, entre los que ocupan un lugar preferente los quesos y chocolates, los relojes y otros instrumentos de precisión.

Los horarios comerciales varían de un cantón a otro, pero suelen comenzar a las 9 h de la mañana y terminar a las 18.30 h.

Algunas grandes ciudades cierran los comercios el lunes por la mañana (como Zúrich, por ejemplo), pero en otras zonas se cierra los sábados. Las grandes superficies y los comercios de alimentación siguen horarios distintos, generalmente más amplios.

Relojes y joyería

La pujante industria relojera suiza se remonta al siglo XVI. Se cuenta que en las zonas que adoptaron la reforma protestante, al ser esta tan rígida y prohibitiva respecto a los adornos personales (pulseras, collares y otras joyas eran mal vistas), los artesanos joyeros comenzaron a trabajar en relojería ya

que el reloj no se consideraba un artículo de lujo, sino de necesidad.

También se dice que fue un herrero –Daniel Jean Richard– el primero que se dedicó a la relojería. En el año 1601 se crea en Ginebra el gremio de los relojeros y un siglo y medio más tarde, Ginebra producía más de 70.000 relojes al año.

Aunque son famosos los relojes de péndulo ornamentados y animados (como los de cuco), muchas innovaciones también surgieron en Suiza. Entre ellas destaca el diseño de los relojes de pulsera (en el siglo XX), los eléctricos, sumergibles, etc.

Respecto a los relojes de pulsera, se cuenta que fue una sirvienta que cuidaba a un bebé quien, molesta porque el reloj que llevaba colgado al cuello incomodaba al niño cuando se inclinaba sobre su cuna, tuvo la idea de atárselo a la muñeca con una correa...

En este mismo siglo XX, gracias a los adelantos técnicos, comenzó la producción masiva y estandarización que ha situado los relojes suizos en la cumbre de la especialidad a nivel mundial. Estas son algunas de las marcas más conocidas:

Audemars Piguet, Blancpain, Breguet, Bulgari, Cartier, Ebel, Frederique Constant, Geneve, Invicta, Luminox, Montblanc, Mauboussin, Paul Picot, Swatch, Swiss Army, Tissot, Vicence, Wittnauer...

El cronómetro fue inventado en el siglo XX con las aportaciones de un relojero suizo llamado Louis Berthoud y un segundo, de nombre Louis Philippe. Probaron elementos más pequeños y nuevas soluciones de aleación para lograr una precisión absoluta.

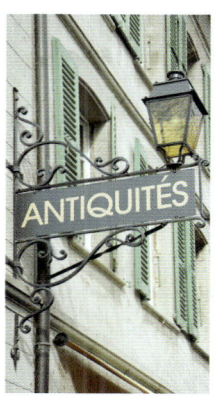

Navajas y cortaplumas

Las navajas multiusos de bolsillo, creadas para el ejército suizo, son famosas en el mundo y se encuentran en todos los escaparates de las tiendas de recuerdos suizas, compitiendo en prestaciones y calidad de sus aceros.

La navaja más popular es la que fabrica la marca *Victorinox*, que se distingue por su color rojo sobre el que destaca la cruz suiza en plateado encerrada en un escudo del mismo color. La encontramos en varios tamaños según el número de utensilios que ofrezca.

Un subproducto de estas navajas son los cortaplumas múltiples.

Moda y diseño

Además de las marcas conocidas internacionalmente, en Suiza proliferan los diseñadores que comercializan directamente sus creaciones en pequeñas boutiques diseminadas por los barrios antiguos de las ciudades. No se trata de una opción barata, pero sí exclusiva y menos costosa de lo que podríamos imaginar si pensamos

que son modelos realizados de manera no industrial. Especialmente sugerentes son las tiendas de este estilo que podemos encontrar en Zúrich, Ginebra, Lucerna, Berna… Es muy interesante entrar –si nos lo permiten– en los talleres de ropa, sombreros, zapatos o bolsos para observar el proceso de diseño, patronaje y elaboración. También las artesanías del vidrio, la madera y la cerámica ostentan una larga tradición en Suiza, y se siguen realizando en muchos casos manualmente, en pequeños talleres, con nuevos diseños y estéticas.

Productos gastronómicos: El queso y el chocolate suizos

La extensa variedad (más de 400 tipos) y la calidad de los **quesos suizos** seducen al visitante, que hará bien en aumentar su equipaje llevándose como recuerdo alguno de estos productos lácteos. Hay tiendas que ofrecen a la venta muchas de las especialidades suizas, pero lo mejor es comprarlas en su lugar de procedencia si es posible, donde encontraremos quesos artesanos elaborados con todas las garantías sanitarias. Curiosamente, los quesos suizos no se exportan tanto como cabría pensar; los suizos consumen una buena parte de su producción, ya que se trata de un alimento popular desde hace muchos siglos. La primera cita documental que se conoce de los quesos suizos aparece en un texto latino del siglo i d.C. Los quesos suizos más conocidos y apreciados son el emmental, el raclette, el gruyère o el tilsiter. Capítulo aparte merecen, en la preferencia de los turistas a la hora de adquirir productos suizos, los **chocolates**. No es para menos: un vistazo

a los escaparates de las confiterías y veremos un ingente surtido de bombones, trufas, chocolatinas, figuras, huevos, pastelillos y toda clase de dulces de chocolate.

La unión del chocolate a los frutos secos, las frutas escarchadas o los licores, además de los distintos matices de la mezcla y el batido, hace diferente cada marca y cada producto chocolatero. Hay para todos los gustos, y a todos nos gusta. Especialmente a los suizos, que ostentan el récord de consumo de chocolates. Aquí indicamos algunas ideas para ayudar a los viajeros en sus compras:

Basilea

La calle más comercial de esta ciudad es la Freiestrasse, así como las contiguas del casco antiguo. Además, un mercadillo se establece cada dos miércoles en la plaza Barfüserplatz, al final de la calle Gebergasse.

Bucherer

Esta relojería y joyería es muy famosa por la calidad y variedad de marcas de relojes y joyas que oferta, además de la marca propia. Posee sucursales en otras ciudades del país.
- ✉ Freie Strasse 51
- ☎ 61 261 40 00
- 🖰 www.bucherer.com

Berna

Berna cuenta con numerosas calles comerciales, aunque las más concurridas son la Spitalgasse y la Marktgasse, pero no las únicas donde encontrar interesantes comercios de todas las especialidades.

Loeb Bern

En la misma estación central de ferrocarriles se ubica una enorme galería llena de tiendas de todas clases. Es un buen lugar para realizar alguna compra de urgencia.

- ✉ Spitalgasse 47-51
- ☎ 31 320 71 11
- 🖰 https://loeb.ch/

Berner Mandelbärli und Glatz

Es una confitería excelente en la que podemos adquirir dulces y otros productos populares suizos de la mejor calidad. Sobresalen los confeccionados con almendras, como sugiere su nombre (*mandel* quiere decir almendra en alemán).
- ✉ Waisenhausplatz 21
- ☎ 31 300 20 00
- 🖰 www.glatz-bern.ch

Almacenes Globus

Estos grandes almacenes, presentes en varias ciudades suizas, tienen de todo y de buena calidad.
- ✉ Spitalgasse 17-21
- ☎ 31 511 64 06
- 🖰 www.globus.ch

Friburgo

En la pequeña y encantadora ciudad de Friburgo existe un comercio pujante, porque es un lugar muy visitado y, además, con mucha población joven.

Galerie Hostettler

Cerca de la catedral de San Nicolás, en lo alto de la ciudad, está situada esta tienda que es famosa por sus diseños de joyas.
- ✉ Rue des Epouses 18
- ☎ 26 323 24 03
- 🖰 www.galerie-hofstetter.ch

Chocolatiers Villars

Es una chocolatería tradicional, que continúa elaborando sus dulces de manera artesanal.
- ✉ Route de la Fonderie 18
- ☎ 26 426 65 00
- 🖰 www.villars.com

Ginebra

A ambos lados del río que divide la ciudad existen amplias avenidas comerciales, como la Rue du Rhon y la Rue du Mont-Blanc. En estas calles y sus inmediatas se hallan muchas tiendas importantes, pero no son las únicas.

Chocolaterie du Rhône
Se trata de una cafetería y chocolatería muy famosa por sus especialidades, con casi ciento cincuenta años de tradición. Ha recibido menciones internacionales por la calidad y pureza de sus productos.
- ✉ Rue du Rhône 118
- ☎ 22 311 56 14
- 🌐 https://durhone chocolatier.ch/

Supermercado MANOR
Los supermercados MANOR son una gran superficie de alimentación que se encuentra en varias ciudades suizas. Sus productos son de calidad, y suele contar con una sección de confitería, comida para llevar y bocadillos estupenda.
- ✉ Rue de Cornavin 6
- ☎ 22 909 46 99
- 🌐 www.manor.ch

Joyería Gübelin
Se trata de una cadena de tiendas dedicadas a la joyería y a la venta de relojes de varias marcas, que tiene sucursales en varias ciudades. Actualmente está cerrado por reformas. Llamad antes de desplazaros hasta allí.
- ✉ Rue du Rhone 60
- ☎ 22 365 53 80
- 🌐 www.gubelin.com

Lugano
El mejor ambiente para pasear y visitar las pequeñas tiendas es el casco antiguo peatonal.

Gabbani Shops
Aquí encontrará de todo: buenos quesos y otros productos gastronómicos suizos –de la zona de influencia italiana– como los vinos.
- ✉ Via Pessina 12
- ☎ 91 911 30 80
- 🌐 www.gabbani.com

Almacenes Manor
El típico gran almacén donde encontrar de todo. Muy popular.
- ✉ Salita Chiattone 10
- ☎ 91 912 76 99
- 🌐 www.manor.ch

Lucerna
El comercio está concentrado en el casco antiguo, la zona más visitada, tan agradable de recorrer.

Mercado de Productos Frescos
Los martes y los viernes se coloca, en la ribera del río Reuss, un popular mercado de frutas, verduras... y también mercadillos de ropa y recuerdos de Suiza.
- ✉ Zentralstrasse 5
- 🌐 www.luzern.ch

Zúrich
La más grande ciudad de Suiza cuenta con varias zonas muy comerciales, emblemáticas.
En el centro, la calle Bahnhofstrasse presenta una colección impresionante de tiendas de lujo, tanto de relojes y joyas como de ropa de diseño, y grandes almacenes internacionalmente conocidos.
Remitimos también al barrio West-Zurich lugar donde podremos encontrar lo más moderno y creativo de la ciudad.

Schwarzenbach Kolonialwaren
Es una tienda centenaria, de gran tradición, situada en el encantador barrio de Niederdorf que vende excelente café (esa es su especialidad) y otras hierbas aromáticas, además de confituras, chocolates y todo tipo de exquisiteces, que también se ofrecen en el salón de té contiguo.
- ✉ Münstergasse 19
- ☎ 44 261 13 15
- 🌐 www.schwarzenbach.ch

Bongénie Zúrich
Si no nos apetece andar buscando por toda la ciudad, en estos grandes almacenes tenemos a mano muchísimas marcas de ropa –para damas y caballeros–, perfumería, regalos... Último diseño y actualidad. Sucursales en otras ciudades suizas.
- ✉ Bahnhofstrasse 30
- ☎ 58 330 30 00
- 🌐 https://geschafte. bongenie.ch

Freitag Shop Zúrich
Situada en el Zurich-West, es la tienda principal de la marca, que ocupa una torre de contenedores. Vende su marca de bolsos, realizados con materiales reciclados, muy coloristas y apreciados por el público.
- ✉ Geroldstrasse 17
- ☎ 43 366 95 20
- 🌐 https://freitag.ch

Viajar con niños

Cuando en el viaje se unen distintas generaciones que incluyen menores de edad, se presentan algunos problemas al tratar de combinar los intereses y necesidades de unos y otros. Esta convivencia de intereses no se hace difícil ni costoso en Suiza si preparamos nuestras vacaciones familiares con previsión.

Alojamiento

Para comenzar, muchos alojamientos –especialmente los hoteles más baratos y los albergues juveniles– ofrecen la posibilidad de alquilar cuartos con varias camas o ampliarlas con camas supletorias. Por otra parte, residir en granjas es una opción perfecta para los niños si nuestro recorrido elige la naturaleza como principal destino. En este caso, podremos comprobar que Suiza es un paraíso de naturaleza por sus parques y paisajes: encontraremos siempre senderos fáciles y entornos accesibles a los pies más diminutos.

Actividades

También en las ciudades los niños son tenidos en cuenta. Las ciudades no son tan grandes que no se puedan pasear sin cansarles, y la mayoría de los museos, además de abaratar notablemente sus precios para familias y menores, presentan actividades y espectáculos multimedia para que las visitas culturales les resulten interesantes y divertidas con un indudable sentido pedagógico.

Además, siempre podremos dedicar algunas jornadas a parques especialmente preparados para los menores, que practicarán ejercicio físico y juegos al aire libre para quemar energías y hacer su viaje inolvidable. En las descripciones de destinos hemos indicado aquellos que podrán compartir pequeños y mayores. Añadimos ahora algunos de los entornos que más disfrutarán los menores de la familia:

Museo del Perro San Bernardo

Se encuentra situado en la villa de **Martigny**, en el cantón de Valais, con fácil acceso por tren o carretera desde Montreux. Muestra la historia y las vicisitudes a las que se han enfrentado estos legendarios salvadores de viajeros perdidos en la nieve. Es al mismo tiempo museo, hospicio y criadero de perros, por lo que veremos perros vivos en su entorno, además de conocer las hazañas de *Barry*, el San Bernardo que salvó a más de 40 personas… Actualmente, el museo está cerrado por reformas. La apertura está prevista para verano de 2025.

✉ Rte du Levant 34
   Martigny
☎ 27 720 53 53
🌐 https://barryland.ch

Rodelbahn

En verano, las montañas verdes se convierten en escenarios fantásticos para verlos desde un tobogán. Circuitos de casi 1 km para lanzarse con niños en Oeschinensee, en Pfinstegg, o en Heimwehfluh gozan de gran popularidad.

Pilatus Seilpark

Situado en Hergiswil, no es el único parque de cuerdas, pero sí el más grande: más de 50 plataformas aéreas conectadas por tirolinas y otros elementos. La edad mínima es 8 años y la estancia máxima, de tres horas. Oferta recorridos distintos adaptados según el nivel de destreza. No es caro y los adolescentes gozarán su aventura.

✉ Fräkmüntegg 1. Hergiswil
☎ 41 329 11 11
🌐 www.pilatus.ch

Parque Acuático Alpamare

Es el más grande de Europa bajo techo. Se accede a Pfäffikon por carretera o tren desde Zúrich, bordeando la ribera sur. Es un espacio para compartir; desde sus 10 toboganes a la piscina con olas, oferta toda la diversión que posibilita el agua, incluyendo zonas de descanso y saunas. No es precisamente barato, por lo que conviene consultar las ofertas en la web.

✉ Gwattstrasse, 12
   Pfäffikon
☎ 55 415 15 15
🌐 https://alpamare.ch/

∎ Hacer deporte

Actividades en la naturaleza

El territorio de Suiza y su naturaleza espléndida invitan a una gran variedad de actividades deportivas al alcance de todos los niveles de formación física, desde el deportista experimentado hasta el mero aficionado al paisaje.

Como una buena parte del turismo está orientado al aprovechamiento de estos recursos naturales, encontraremos información sobre recorridos, señalizaciones y sugerencias para facilitar cualquier tipo de actividad al aire libre.

Conscientes de que la naturaleza es su mayor reclamo turístico, los suizos cuidan y respetan el medio ambiente con esmero a la vez que facilitan al visitante el disfrute de sus riquezas paisajísticas, haciendo compatible la explotación turística con la conservación de su privilegiada naturaleza.

Senderismo y montañismo

Suiza cuenta con más de cincuenta mil kilómetros de senderos y caminos señalizados con balizas. Las oficinas turísticas que encontraremos en las poblaciones informan profusamente de los posibles recorridos además de contar con planos de las zonas.

Para ciertos recorridos con especiales condiciones –caminos de alta montaña, excursiones con raquetas por la nieve, etc.– es aconsejable contar con guía.

La escalada de cualquier nivel de dificultad es un deporte muy practicado en las zonas montañosas suizas, que cuentan con una larga lista de cumbres muy apreciadas por los aficionados.

Este es otro caso en el que precisaremos, además de un equipo adecuado, compañía de expertos en este deporte y buenos conocedores de la zona. Una pista: http://www.wanderland.ch.

Deportes de nieve

El esquí –tanto de fondo como alpino– es el deporte que atrae a Suiza una destacada cantidad de turismo invernal, gracias a los miles de kilómetros de pistas practicables y a sus estaciones, cuyas dotaciones están entre las mejores del mundo, tanto en recursos (remontes, escuelas de esquí, alquiler de equipo, restauración y servicios) como en la longitud de sus pistas.

Más de doscientas estaciones se reparten en el territorio suizo; los nombres de **St. Morizt, Gstaad, Zermatt, Engelberg** y tantos otros son míticos para los aficionados. En algunas de ellas, de nieves perpetuas, ofertan también temporada de verano, como Zermatt.

La nieve posibilita otras actividades también muy sugerentes, como los paseos en trineos o coches de caballos, el patinaje sobre hielo –en parajes naturales–, el *curling* (que tiene un antiguo origen) o la simple contemplación.

Hay agencias especializadas en viajes para practicar estos deportes, y una profusa cantidad de información en internet para comparar precios, fechas y opciones (http://www.swiss-ski.ch).

Festivales y eventos internacionales

Además de paisajes y ciudades fascinantes, Suiza posee un sinnúmero de festivales, congresos y ferias de contenidos variadísimos que polarizan el interés mundial. Para muestra, indicamos algunos de los más importantes:

Art-Basel, Feria de Arte Contemporáneo de Basilea

Durante cuatro o cinco días, mediado el mes de junio, (las fechas concretas varían cada año), el aeropuerto de Basilea recibe a una multitud de acaudalados visitantes que viajan en jets privados o en clase preferente. Millonarios y directores de instituciones acuden, con sus voluminosos talonarios dispuestos, a la mayor feria de arte y artesanía del mundo para realizar seguras inversiones o acrecentar sus colecciones. El ámbito de la creación se aúna con el financiero y el museístico, a los que debe en buena parte su supervivencia.

Los comunes mortales aprovechamos para conocer una sensacional y universal muestra de las últimas tendencias artísticas así como exposiciones de los grandes maestros. Los creadores noveles encuentran un ámbito en la sección denominada *Art Statements,* y los consagrados del pasado, en la *Art Unlimited.*

En 1968, el matrimonio Beyeler y Trudl Bruckner tuvieron la feliz idea de organizar el primero de estos eventos, celebrado en 1969. Desde entonces, cada año sorprende al público con sus novedades y la fiabilidad de sus criterios artísticos.

Las dos sedes centrales de la Feria se encuentran en Messeplatz (Basilea): un notable edificio del arquitecto Hans Hoffman, construido en 1950, y la sala de cristal edificada en 1999 por Theo Hotz. La situación geográfica de Basilea y la abundancia de medios de acceso a esta ciudad, que suscita por sí misma un gran interés turístico, ha favorecido el crecimiento exponencial de la Art Basel.

Hoy día está recibiendo obras de más de 2.500 artistas de todos los continentes, aportados por más de 200 galerías de arte, y decenas de miles de visitantes que desean encontrar, además de exposiciones de pintura, escultura, fotografía y dibujo, proyecciones de vídeo, instalaciones, conferencias y encuentros.

Un menú completo para los aficionados al arte, que pueden obtener información puntual en la página: www.basel.com

Festival de jazz de Montreux

En la bellísima ciudad de Montreux, a las orillas del lago Léman, se celebra este festival desde el año 1967: más de cincuenta años. Tiene lugar en la segunda quincena de octubre (consultar las fechas concretas). Durante dos semanas presenta lo mejor del jazz mundial, desde las figuras más conocidas hasta las vanguardias innovadoras. Una Fundación, financiada por empresas privadas, es la encargada de la organización del festival, que se cuenta entre los más famosos del mundo en su especie. Además del público suizo,

acuden a la cita aficionados de todos los países que combinan la pasión por la música con la estancia en parajes de enorme interés turístico.

La experiencia no puede ser más completa. Un gran número de espectáculos se reparten entre terrazas al aire libre –como el jardín del Royal Plaza o las terrazas Point Vert y Montreux-Jazz-Café- y los espléndidos locales cerrados como Mont-Palace y el Auditorio Stravinski (situado este último en el Centro de Música y Convenciones de Montreux). Otros espectáculos puntuales, talleres, concursos para los artistas noveles y encuentros se desplazan a emblemáticos lugares, entre los que hay que nombrar el mágico castillo de Chillon.

Todos estos lugares se ubican junto al lago, en los alrededores de Montreux, pero el visitante dispone de una exhaustiva oferta de transporte público, tanto de día como de noche, desde las poblaciones cercanas e incluso desde Ginebra. También la infraestructura de restauración y hotelera se pone al servicio del Festival. Quien tenga interés en asistir a este evento puede informarse de los espectáculos, reservar entradas y alojamiento, y acceder a los archivos del Festival en alguna de las siguientes páginas: www.montreuxjazz festival.com

Festival de música clásica de Lucerna

Hay muchas razones para visitar la ciudad de Lucerna; entre ellas está la celebración de algunos festivales de música clásica de gran renombre a lo largo de todo el año. Dos de ellos han nacido en las últimas décadas: el Festival de Pascua, dedicado a la música sacra –que tiene lugar desde 1988– y el Festival de Piano, que comenzó su brillante andadura en 1998.

Pero el más famoso y más antiguo es el que ocupa septiembre, que continúa nada menos desde 1938: más de 70 años. Fue en aquella fecha cuando el director de orquesta Arturo Toscanini inauguró estos festivales en Tribschen (a las afueras de Lucerna), en un parque frente a la casa donde había vivido Wagner. Algunos artistas europeos se negaban a participar en

programación, está presente tanto la música de repertorio como la de las vanguardias consagradas. Desde 1970, los organizadores eligen un tema de referencia que relaciona los contenidos musicales.

Aunque el ámbito central del Festival es el KKL (Centro de Cultura de Lucerna, construido por Jean Nouvel en 1998), toda la ciudad vibra con la música gracias a su programa "Música en la calle", que disemina buen número de conciertos por bellísimos escenarios urbanos a las orillas del río.

En la actualidad, más de 100.000 aficionados acuden a este Festival, que ya ocupa un lugar relevante en el panorama clásico mundial. Para

segundo año se celebró en la propia ciudad de Zúrich.

Tras diversas dificultades administrativas y políticas –se prohibió, pero hubo de levantarse la negativa por la reacción popular–, la celebración ha ido creciendo y consolidándose gracias a una excelente organización que ha conseguido transmitir el "espíritu Street-Parade" a los entusiastas asistentes.

Efectivamente, a pesar de que hace años que atrae a cerca de un millón de participantes y espectadores, hasta el momento se ha constatado una absoluta ausencia de incidentes o heridos. Presume, con razón, de ser la reunión de masas más segura del mundo. Los lemas

festivales –como Bayreuth o Salzburgo– que se ubicaban en territorio dominado por el poder nazi, y Lucerna (ciudad de un país neutral) atrajo a los mejores directores y orquestas.

En sus siete décadas de existencia, el Festival se ha transformado, creciendo y dando impulso a nuevas iniciativas. Por ejemplo, desde 2003 posee su propia Orquesta del Festival de Música Clásica de Lucerna, que ha estado a las órdenes del gran director de orquesta Claudio Abbado, fallecido en enero de 2014.

Además de los conciertos sinfónicos de la Orquesta, el Festival ofrece una buena cantidad de recitales de cámara, solistas, etc. En cuanto a la

los aficionados a la música que quieran conocer más detalles de las programaciones en curso se puede consultar la siguiente página: www.lucernefestival.ch

Street-Parade de Zúrich

La que hoy es la fiesta de música tecno al aire libre más popular de Europa se organizó por primera vez en 1992. Un estudiante de Zúrich –Marek Krynski–, inspirado por la Love-Parade de Berlín, impulsó una primera convocatoria con los lemas "amor, paz, libertad, generosidad y tolerancia", para lo que se solicitó un gran estadio a las afueras de la ciudad. La idea prendió y el

de seguridad y unas reglas de comportamiento impulsadas por la propia fiesta han logrado este milagro.

La Street-Parade tiene lugar en el segundo sábado de agosto. Entonces una multitud desfila bailando a las orillas del lago de Zúrich; se ofrecen espectáculos de música electrónica conducidos por los Dj's más famosos en escenarios fantásticos...

Cada año pone en marcha un lema, un himno y consigue nuevos récords de participación y convivencia cívica.

Para conocer la historia completa y todo lo referente a esta celebración, así como el programa de las próximas, se puede consultar: www.streetparade.com.

Información práctica

Información turística

Información telefónica gratuita
☎ 00 800 100 200 29

Embajada en España
✉ c/ Núñez de Balboa, 35 A. 28001 Madrid
☎ 91 436 39 60

Información general
www.myswitzerland.com
www.swissworld.org

Información sobre transportes
www.trenes-suiza.com
www.sbb.ch
www.iberia.es
www.swiss.com
www.renfe.es
www.inter-rail.org
www.alsa.es

VIAJAR A SUIZA

Vía aérea

Iberia cuenta con vuelos diarios a Ginebra y Zúrich desde Madrid y Barcelona. Los vuelos duran entre hora y media y dos horas respectivamente.
Compañía Iberia: telf. 900 111 500 / 91 333 67 01, www.iberia.es.
Swiss oferta vuelos directos a Zúrich y Ginebra desde los aeropuertos de Barcelona, Madrid, Santiago, Bilbao, Málaga, Palma, Valencia o Alicante.
Int. Swiss Air Lines: telf. 900 031 082 / 93 022 80 27, www.swiss.com.
Otras compañías vuelan desde ciudades españolas hasta Suiza: Air Berlin, Easyjet, Ryanair, etc. Conviene consultar precios para acceder a las mejores ofertas.

En tren

El tren que hacía el trayecto directo entre Barcelona y Zúrich –llamado Pau Casals– ha sido suspendido, ya no se puede llegar a Suiza sin realizar transbordos. No obstante, no se debe descartar esta opción porque es posible enlazar trayectos desde cualquier ciudad española hasta los destinos suizos aprovechando las líneas férreas europeas, ya sea a través de Francia o de Italia. Si contamos con tiempo, el tren es un excelente medio de transporte. Los ferrocarriles suizos son muchos, buenos, muy frecuentes entre sus ciudades, y salvan la accidentada orografía del modo más cómodo y seguro. El uso del *Swiss Pass* abarata considerablemente el viaje por el país. Existen ofertas y oportunidades para abaratar el viaje. Hay que consultar las siguientes páginas antes de decidir nuestro itinerario: www.renfe.es; www.sbb.ch; www.swiss-pass.ch; www.inter-rail-org.

En autobús

También se puede llegar a Suiza en autobús. La compañía *Alsa* oferta viajes desde Madrid y Barcelona a diversas ciudades suizas, hasta llegar a Zúrich.
Desde luego, se trata de un viaje prolongado, de 22 a 32 horas, dependiendo de los trayectos y las paradas, pero también el más económico. El precio de un billete entre Madrid y Ginebra ronda los 150 €, aunque también esto depende de la época del año y del día.
Estos autobuses salen varios días a la semana, con diferente frecuencia en invierno y en verano. Hay que consultar la página de la compañía para buscar la opción que más nos conviene. www.alsa.es

ANTES DE PARTIR

I Información sobre Suiza

Hay varias páginas en internet que podemos consultar. Prácticamente todos los cantones y ciudades suizos tienen su propia web. Para acceder a ellas, el mejor camino es entrar en www.myswitzerland com. Además de informaciones interesantes para nuestro viaje, encontraremos planos, folletos, posibilidad de reservas…

El teléfono gratuito al que llamar –atendido en castellano– es el 00 800 100 200 29.

I Documentos

Suiza es miembro del "espacio Schengen" (aunque no de la Unión Europea). Los españoles no necesitan pasaporte, es suficiente llevar el carné de identidad.

Los menores de edad precisan su propio carné o pasaporte, o estar incluidos en el pasaporte de alguno de sus padres.

Si viajamos con coche propio, hay que llevar el permiso de conducción y, al menos, el seguro obligatorio. Se adquiere un sello adhesivo en la frontera que autoriza a circular por el país. Para alquilar automóviles es válido el permiso español.

La Tarjeta Sanitaria Europea (TSE) acredita el derecho a recibir las prestaciones sanitarias que resulten necesarias durante una estancia temporal en Suiza. Debe solicitarse antes de partir. Se puede contratar un seguro privado para el viaje.

I Otras condiciones

Hay límites para entrar en el país con alcohol (no más de un litro por persona), tabaco (no más de 200 cigarrillos o 50 puros). Se entiende que los menores no pueden llevar ninguna de las dos cosas.

Es posible viajar con las medicinas de uso personal.

No están permitidas las armas, las drogas ni la pornografía.

Para aquellos que gustan de viajar con sus mascotas, deben saber que en Suiza los perros y gatos son admitidos en los hoteles (casi sin excepción), así como en los transportes públicos (trenes, autobuses, tranvías, barcos…), siempre que vayan debidamente sujetos.

Naturalmente, la mascota tiene que llevar su cartilla de identificación y vacunas, porque nos la pueden solicitar, sobre todo en alojamientos.

En los hoteles –sobre todo en los de cierto nivel– pueden cobrarnos un suplemento por el animal, en previsión de desperfectos o molestias. La mayor parte de los hoteles permiten su alojamiento, aunque es posible que nos cobren un suplemento de hasta 20 CHF.

I Viajar con descuento

Podemos obtener sustanciosos descuentos si viajamos en grupo, con reducciones a partir de dos personas.

También los menores de 25 años cuentan con ventajas por medio del "Swiss Youth Pass".

Los menores de 15 años acompañados por un adulto portador de billetes "Falimy Card" o "Swiss Travel System" viajan gratuitamente. Si el adulto acompañante cuenta con un billete normal, la reducción para el menor es del 50 %.

I En Suiza

Principales Oficinas de Información Turística:

Lucerna
Luzern Tourismus AG
✉ Zentralstrasse 5
☎ 41 227 17 17
🖰 www.luzern.com

Lugano
Lugano Turismo
✉ Via Massimiliano Magatti 6
☎ 58 220 65 06
🖰 www.luganoregion.com

Winterthur
Winterthur Tourismus
✉ Bahnhofplatz 7. Hauptbahnhof
☎ 52 208 01 01
🖰 www.winterthur-tourismus.ch

Zúrich
✉ Hauptbahnhof
☎ 44 215 40 00
🖰 www.zurich.com

En Suiza

Principales Oficinas de Información Turística:

Basilea
Basel Tourismus
✉ Aeschenvorstadt 36
☎ 61 268 68 68
🌐 www.basel.com

Berna
Bern Tourismus
✉ Bahnhofplatz 10A
☎ 31 328 12 12
🌐 www.bern.com

Friburgo
Fribourg Tourisme et Région
✉ Pl. Jean-Tinguely 1
☎ 26 350 11 11
🌐 www.fribourgtourisme.ch

Ginebra
Genève Tourisme & Bureau des Congrès
✉ Cornavin Train Station, Pl. Cornavin 7
☎ 22 909 70 00
🌐 www.geneve.com

La moneda suiza (CHF)

Suiza, como sabemos, no pertenece a la Unión Europea ni comparte con ella su moneda. El franco suizo (cuyo cambio deberemos comprobar, pero es aproximadamente de 100 CHF por cada 106 €) se emite en billetes de diverso valor y monedas para las unidades y los céntimos. Es posible llevar euros para cambiar en los bancos, estaciones y aeropuertos, pero además en muchos comercios aceptan euros, por lo que no es necesario comprar francos suizos antes de emprender el viaje.

Las tarjetas de crédito y débito son comúnmente aceptadas (*Visa, Eurocard, Diners Club, American Express…*) y proliferan los cajeros automáticos, como no podía ser de otro modo en el país de la banca por excelencia.

Hora oficial y horarios

La hora oficial es la misma que en España (unificada con toda Europa).

Horarios: teniendo en cuenta que los diferentes cantones cuentan con libertad para fijar estas normas, estos son los horarios más generalizados y seguros:

Bancos: de 8.30 a 16.30 horas, de lunes a viernes.

Farmacias: de 8 a 22 horas, salvo domingos y fiestas, días en los que funcionan solamente las farmacias de guardia.

Correos: de 8 a 12 y de 14 a 17 horas de lunes a viernes. Los sábados hacen media jornada.

Museos y oficinas turísticas: de 8 a 18 h y de 10 a 17 h respectivamente, aunque conviene consultar.

Comercio en general: tiene los horarios más variables, pero es muy probable que los encontremos abiertos entre las 9 y las 17 h.

Teléfonos e Internet

El código para llamar a Suiza es el 0041, más el prefijo de cada ciudad. Para llamar a España, el código es 0034 más el prefijo de ciudad.

Hay cabinas que funcionan con tarjeta (adquirida en las oficinas de correos básicamente) y otras con monedas fraccionarias.

Internet: la comunicación por internet está generalizada. Existen muchos puntos de acceso en cibercafés y también en los hoteles, el wifi gratuito se ha generalizado en cafés, museos, bibliotecas o incluso parques y plazas públicas.

Prefijos telefónicos en Suiza (de una a otra ciudad, se añade un cero delante):

(0)	Basilea	61
(0)	Berna	31
(0)	Ginebra	22

(0)	Friburgo	26
(0)	Lugano	91
(0)	Lucerna	41
(0)	Zúrich	44

Otros teléfonos de interés:

Policía	117
Hospitales-Ambulancias	144
Información Telefónica	1811
Información Meteorológica	162
Estado de rutas	163

I Correos

Las oficinas de Correos están abiertas de lunes a viernes, de 8 h a 12 h y de 14 h a 18 h; los sábados, de 8/9 h a 11/12 h. En las principales ciudades suele haber una oficina abierta de 18.30 h a 21 h. Los sellos se venden en las oficinas de Correos, los quioscos y en máquinas especiales que funcionan con monedas (www.posta.ch).

MOVERSE POR SUIZA

I En coche

Más de 1.300 km de autopistas sortean lo accidentado del terreno suizo y son una buena alternativa para viajar a nuestro aire. Algunas de las montañas se cruzan por túneles, que pueden cobrar una tasa suplementaria.

Se exige comprar –desde España en la Oficina Nacional Suiza de Turismo, en la frontera o en las gasolineras– una pegatina –vignette– que permite circular por el país sin pagar otras tasas.

Los límites de velocidad y las normas de circulación son similares a las que rigen en toda Europa, incluida España. Funcionan las compañías internacionales de alquiler de coches –Avis, Hertz, Europcar…–, con una multitud de agencias en los puntos estratégicos, aunque resulta caro para el bolsillo común.

La red de carreteras Suiza es buena y, en general, se conserva en buen estado, especialmente las vías de comunicación entre las principales ciudades, los recorridos de intenso tráfico internacional y los puertos alpinos. Algunos puertos de montaña permanecen cerrados durante los meses de invierno, de octubre-noviembre a mayo-junio, mientras que los túneles de autopista generalmente están abiertos. Durante el invierno y primavera es recomendable llevar siempre las cadenas para la nieve.

En cuanto al carburante, se encuentran numerosas estaciones de servicio a lo largo de las carreteras y autopistas suizas. Los precios de la gasolina y del gasoil (más caro) son semejantes a los que rigen en España.

I Una nueva ruta turística por Suiza: Grand Tour

Desde 2015 está a disposición de los viajeros una nueva posibilidad turística: una ruta circular de 1.643 km que transcurre por los mayores atractivos del país, ya sea en automóvil particular o en transporte público.

Incluye 13 regiones turísticas, cinco puertos de montaña, 22 lagos, dos reservas de la biosfera, 13 lugares declarados patrimonio mundial por la Unesco, y un buen número de ciudades y pueblos, para que el visitante acceda a lo mejor del arte, la cultura y el paisaje suizos.

Todo está previsto para que la experiencia sea inmejorable: la señalización, el sistema de reserva de alojamientos, así como la selección de vías de comunicación en perfecto estado.

Se puede iniciar la ruta en Basilea, Ginebra o Lugano, según la zona de procedencia.

Suiza Turismo, con su página www.MySwitzerland.com, y el Switzerland Travel Centre AG ponen a disposición de los interesados mapas, folletos, guías en varios idiomas y la coordinación de reservas a lo largo de la ruta.

❚ Oficinas de turismo

Lausana
- ✉ Ave. de Rhodanie 2
- ☎ 21 613 73 73
- 🖥 www.laussane-tourisme.ch.

St. Gallen
- ✉ Bankgasse 9
- ☎ 71 227 37 37
- 🖥 https://st.gallen-bodensee.ch

Baden
- ✉ Bahnhofplatz 1
- ☎ 56 200 15 30
- 🖥 https://deinbaden.ch

Aarau
- ✉ Metzgergasse 2
- ☎ 62 834 10 34
- 🖥 www.aarauinfo.ch

❚ En tren

La red ferroviaria de Suiza es excelente y puntual, además de extenderse por todo el país, hasta el punto de que hace innecesarios los transportes internos en avión. La frecuencia de comunicación entre las ciudades es muy alta. No son trenes de alta velocidad –que no son necesarios en un territorio más bien pequeño–, pero sí muy rápidos.

El viaje puede abaratarse notablemente si se adquiere un billete nominal que se llama **Swiss Pass** y permite acceder a trenes estatales, barcos, autobuses, etc., durante un periodo concreto: días, semanas, meses…

Si se va a realizar un recorrido variado y libre, resulta muy económico. Para los viajes familiares, es bueno saber que los menores de dieciséis años están exentos de pagar si van acompañados de sus padres.

Para mejor información sobre ofertas y tasas, se aconseja consultar la página siguiente: www.swisstravelsystem.ch. Estos son los corresponsales oficiales en España del Swiss Travel System: **Traveloteca** *(www.traveloteca.com, Alcalá 180. 28028 Madrid, telf. 91 082 00 02);* **Viatges Alemany** *(www.valemany.com; telf. 93 883 33 30).*

❚ En barco

Los ríos y lagos suizos, en su mayor parte navegables, cuentan tanto con transportes regulares como con oferta de recorridos turísticos. Existen compañías privadas y públicas. Los viajes en barco salen más baratos si se tiene el *Swiss Pass*, que conviene adquirir si vamos a usar este medio. Más de 16 compañías de navegación, que surcan los lagos suizos, se encuentran en esta página web, www.schweizer-schifffahrt.ch.

❚ En autobús

Los autocares postales suizos son amarillos con una franja roja. Se trata también de un transporte muy generalizado, seguro y puntual, con el que podemos acceder a cualquier ciudad y pueblo. Se incluye su precio en el *Swiss Pass*, sin el cual resultarán un poco caros.

❚ Seguridad y salud

Suiza es uno de los países más seguros del mundo, aunque conviene respetar unas normas mínimas de prudencia: eludir lugares solitarios en las horas nocturnas, cuidar las pertenencias y no hacer ostentación de joyas u objetos muy caros. Suiza ya tiene convenio con el sistema sanitario público español. Si somos previsores, podemos contratar un **seguro médico**. El **agua** en Suiza es potable en todos los lugares, salvo indicación de lo contrario (en fuentes naturales, etc.). La **higiene** es perfecta en los establecimientos públicos y alojamientos de todo el país, por modestos que estos sean.

▌ Turismo de salud

Tanto el clima seco como la naturaleza suizos han sido, tradicionalmente, lugar de curación de enfermedades y de reposo. En la actualidad, más de cuarenta hoteles, balnearios o *spa* ofertan estancias con todos los servicios propios de estos establecimientos: aguas medicinales, masajes, belleza y programas de descanso.

Se puede consultar la siguiente página para obtener información completa de sus recursos: www.myswit-zerland.com/es.cfm/descubrir_suiza/balnearios/offer-Accommodations_Hotels-Wellness-list.html

▌ Fiestas oficiales

En Suiza son festivos los siguientes días y durante ellos se cierran todas las tiendas y dependencias oficiales:

1 y 2 de enero (Año Nuevo)
Viernes Santo (excepto en Ticino y el Valais)
Lunes de Pascua
Ascensión
Lunes de Pentecostés
El Corpus (en los cantones católicos)
1 de mayo (en algunos cantones)
1 de agosto (Fiesta Nacional)
15 de agosto (Asunción, en los cantones católicos)
1 de nov. (Todos los Santos, en los cantones católicos)
8 de diciembre (Inmaculada, en los cantones católicos)
25 de diciembre (Navidad)
26 de diciembre (San Esteban)

▌ Visita a museos, monumentos e iglesias

La visita de museos y castillos suele ser de pago (a veces sale caro) y en el caso de edificios de interés histórico se realiza con guía.

No existe un horario único para todo el territorio nacional: en las poblaciones grandes suele haber horario continuado, que suele prolongarse o reducirse en algunos sitios según la temporada turística, incluso cerrarse en localidades pequeñas.

Los grandes museos suelen organizar exposiciones temporales de sus fondos de arte moderno y contemporáneo siguiendo un criterio temático. Existen abonos para ver las colecciones. Para más información sobre los museos se puede visitar el sitio www.museums.ch.

En cuanto a edificios religiosos, son raros los que tienen horario de visita y precio de entrada, casi siempre hay que dirigirse al sacristán. La mayor parte de las iglesias católicas y protestantes no suelen estar cerradas, basta con empujar la puerta a cualquier hora del día para ver estucos rococós, vidrieras medievales y retablos góticos.

▌ Embajadas y consulados españoles

Berna
Embajada
✉ Kalcheggweg 24
☎ 31 350 52 52

Consulado
✉ Marienstrasse 12
☎ 31 356 22 20

Ginebra
Consulado
✉ Avenue Blanc 53
☎ 22 749 14 60

Zúrich
Consulado:
✉ Riedtlistrasse 17
☎ 44 368 61 00

▍Idioma

Como se ha dicho, Suiza es un país en el que conviven cuatro lenguas, que se reparten el territorio de la Confederación desigualmente. Incluimos a continuación un pequeño vocabulario que puede ser de gran ayuda para pasar de uno a otro idioma y cubrir las necesidades mínimas de comunicación.

ESPAÑOL	FRANCÉS	ALEMÁN	ITALIANO
Fórmulas de cortesía			
Adiós	Adieu	Auf wiedersehein	Adio
Ayer	Hier	Gestern	Leri
Barato	Bon marché	Billig	Economico
Bueno	Bon	Gut	Buono
Caro	Cher	Teuer	Caro
Después	Aprés	Nachher	Dopo
Gracias	Merci	Danke	Gracie
Hola	Bon-jour	Hallo	Olá
Hoy	Aujourd'hui	Heute	Oggi
Malo	Mauvais	Schlecht	Cattivo
Mañana	Demain	Der morgen	Domani
Más	Plus	Mehr	Più
Menos	Moins	Minder	Meno
Mucho	Beaucoup	Viel	Molto
No	Non	Nein	No
Perdón	Pardon	Verzeihung	Scusi
Poco	Peu	Bisschen	Poco
Sí	Oui	Ja	Si
En la ciudad			
A la derecha	A droite	Rechts	A destra
A la izquierda	A gauche	Links	A sinistra
Avenida	Avenue	Gasse	Strada
Banco	Banque	Bank	Banca
Calle	Rue	Strasse	Via
Casa	Maison	Haus	Casa
Castillo	Château	Kastell	Castello
Cerca	Près	Nah	Vicino
Ciudad	Ville	Stadt	Città
Correos	Bureau de poste	Postmat	Uffizio postale
Iglesia	Église	Kirche	Chiesa
Lejos	Loin	Weit	Lontano
Museo	Musée	Museum	Museo
Of. de turismo	Bureau tourisme	Verkehrsverein	Ente turistico
Paseo	Promenade	Promenade	Passegio
Periódico	Journal	Zeitung	Giornale
Plaza	Place	Platz	Piazza
Pueblo	Villâge	Volk	Villagio
Teléfono	Téléphone	Telephon	Telefono
Tienda	Boutique	Zelt	Negozio

ESPAÑOL	FRANCÉS	ALEMÁN	ITALIANO
En el restaurante			
Aceite	Huile	Öl	Olio
Agua	Eau	Wasser	Acqua
Azúcar	Sucre	Zucker	Zucchero
Buey	Boeuf	Rindfleisch	Manzo
Carne	Viande	Fleisch	Carne
Cerveza	Bière	Bier	Birra
Cordero	Agneau	Schaffleisch	Agnello
Cuchara	Cuillère	Löffel	Cuchiaio
Cuchillo	Couteau	Messer	Coltello
Entremeses	Entrées	Vorspeisen	Antipasti
Ensalada	Salade	Salat	Insalata
Pan	Pain	Brot	Pane
Pollo	Poulet	Hunh	Pollo
Plato	Plat	Platte	Piastra
Sal	Sel	Salz	Sale
Tenedor	Fourchette	Gabel	Forchetta
Ternera	Veau	Kalbfleisch	Vitello
Vaso	Verre	Glas	Bichiere
Vinagre	Vinaigre	Essig	Aceto
Vino	Vin	Wein	Vino
En el alojamiento			
Albergue	Auberge	Herberge	Albergo
Aseo	Toilette	Toiletten	Bagno
Cama	Lit	Bett	Letto
Equipaje	Bagage	Gepäck	Bagaglio
Habitación	Chambre	Zimmer	Camera
Hotel	Hôtel	Hotel	Hotel
Llave	Clef	Schlüssel	Chiave
Reserva	Réservation	Reservierum	Prenotazione
En los transportes			
Aeropuerto	Aéroport	Flughafen	Aeroporto
Autobús	Autobus	Omnibus	Autobus
Barco	Bateau	Schiff	Battello
Coche	Voiture	Auto	Cocchio
Estación	Gare	Bahnhof	Stazione
Gasolinera	Essence	Benzin	Benzina
Puerto	Port	Hafen	Porto
Tren	Train	Zug	Treno

ALEMANIA

...haffhausen
...isen
...nfall
Ratz...
...ülach
...ngen
Dübendorf
Uster
...rren
Meilen
Wädenswil
Zug
Zuger See
Einsiedeln
Schwyz
Brunnen   Muotathal
Schattdorf
...rstfeld
Disentis-
Mustér
...rdo
Biasca

Constanza (Konstanz)
Stein am Rhein   Kreuzlingen
Frauenfeld
Winterthur   Bischofszell
Wil   Uzwil
Gossau
Wattwil   Appenzell
Uznach
Schänis
Walenstadt
Glarus
Bad Ragaz
Klausenpass
Glarner   Alpen
Sustenpass
Alpen
Flims
Ilanz
Vals
Thusis
St. Bernardino
Pcss

Bodensee
(Lago Constanza)
Romanshorn
Rorschach
Sankt Gallen
Altstätten

Buchs   Vaduz
LIEChTENSTEIN
Sevelen
Maienfeld
Igis   Schiers
Chur   Klosters
Flüelapass
Domat/
Ems   Arosa
Davos
Zernez
Samedan
Sankt Móritz
Sils   Berninapass

AUSTRIA

Silvretta-Gruppe
Scuol
Inn
Ofenpass
Parque
Nacional   Müstair
Alpi   Retiche

Alpi   Bernina
Piz Bernina
Poschiavo

Grunsee   Pfäffiker See
Zürichse
Sihlsee
Walensee
Vorderrhein
Hinterrhein
Ticino

Locarno
Ascona
Lago Maggiore
Roveredo
Bellinzona
Giubiasco
Pregassona
Lugano
Lago di Lugano
Riva San Vitale
Balerna   Mendrisio
Chicsso

ITALIA

SIGNOS CONVENCIONALES

— Autovía

— Carretera de primer orden

⊕ Aeropuerto

Parques y Reservas Naturales

0   25   50 km

Índice de lugares